Carrefour

La grande arnaque

Jérôme Coulombel

Carrefour
La grande arnaque

éditions du
ROCHER

Éditions du Rocher
28 rue Comte-Félix-Gastaldi – BP 521 – 98015 Monaco

www.editionsdurocher.fr

ISBN : 978-2-268-10945-9
EAN epub : 9782268109862

À mon épouse,
à mes trois enfants.

Les requins sont des poissons à la fois voraces et paresseux. Ils mangent beaucoup, mais se donnent le moins de mal possible pour assouvir leur appétit. Les plus avides sont les bébés requins. Ils avalent les poissons morts. Quand il n'y a plus de petits poissons morts, ils dévorent les petits poissons vivants. Quand ces derniers ont disparu, ils attaquent les poissons de taille moyenne : ils boulottent d'abord les vieux et les malades, ceux qui ne peuvent plus nager assez vite. Quand il n'y en a plus, c'est au tour des gros poissons de passer à la casserole. Et quand les gros poissons sont mangés, les requins se battent entre eux. Les vieux squales succombent les premiers sous les dents acérées des bébés requins. C'est alors que les grands squales entrent dans la valse macabre. Affamés par des jours de disette et excités par les flots rougis par le sang, ils attaquent les bébés requins et les déciment. Tous ne meurent pas. Certains sont assez vifs et rapides pour s'enfuir, ou ont la chance d'être emportés hors de la lagune par une marée plus forte. Avec un peu de chance, ils deviendront un jour des gros requins… suffisamment gros pour dévorer les plus petits !

Les lois de la mer ne sont pas très différentes des lois du commerce.

« Si jamais vous vous retrouvez dans un bateau qui coule, l'énergie pour changer de bateau est plus productive que l'énergie pour colmater les trous. »

(Warren Buffet)

Introduction

Mon nom est Coulombel, Jérôme Coulombel...

Cette présentation lapidaire en forme de boutade, rappelant une licence célèbre qui fit les grandes heures du roman et du film d'espionnage, me vient naturellement quand je songe à la façon dont se sont soldées vingt-sept années de bons et loyaux services comme directeur juridique au sein de la grande distribution. Vingt-sept ans au cœur d'une grande maison riche d'ambitions, d'innovations, d'aventures commerciales étonnantes, forte d'un passé exceptionnel, pleine de promesses pour un avenir au service d'un consommateur moderne et averti.

Armé d'un DEA (diplôme d'études approfondies) et d'un DESS (diplôme d'études supérieures spécialisées) en droit, je suis embauché à l'issue d'un stage par le groupe Promodès, en qualité de juriste (1991). J'appréciais grandement les valeurs de travail de ce groupe privé fondé par la famille Halley en 1961.

En 1999 s'opère une fusion entre Promodès et le groupe Carrefour. L'un est le champion de la franchise en multiformat, tels Continent, Champion, Shopi, Promocash, etc. L'autre ne connaît qu'un seul type de magasin dont il est l'initiateur, l'hypermarché, composé uniquement de magasins intégrés. C'est le choc des cultures commerciales !

Deux concepts, deux visions, qui vont s'unir pour grandir et lutter contre la concurrence de plus en plus âpre qui menace depuis l'étranger. Sur le papier, cette union ne manque pas de brio ; dans les faits, elle ne sera jamais digérée… par Carrefour, qui ne sort pas grand vainqueur de cette fusion. Promodès, moins connue du grand public, restera le cœur du réacteur de cette drôle d'alliance.

Le 1er janvier 2003, je suis nommé directeur du département contentieux de Carrefour pour la France, et les premières années vont se dérouler sans heurts, dans un climat serein et professionnel. C'est en 2012, à l'arrivée d'un énième P.-D.G., Georges Plassat, que les choses vont se compliquer. Le service contentieux, jusqu'alors considéré comme un département positif, destiné à gérer et régler au mieux les litiges inhérents à un groupe de cette taille, va devenir pour la nouvelle direction, une zone sensible, la zone de tous les dangers ! Le bureau des contentieux se révélerait problématique pour l'avenir du groupe, les dossiers en cours étant trop nombreux, de l'avis du nouveau dirigeant.

J'allais devenir aux yeux de mon supérieur hiérarchique, M. Bovin, le responsable du service qui pouvait mettre en danger son propre poste au sein de l'entreprise. Ma descente aux enfers pouvait commencer…

Ainsi, on jugera peu à peu de la qualité de mon travail, le montant de mes primes mensuelles sur mon résultat prouvaient pourtant le contraire ; on dénigrera mes capacités de management ; on me reprochera même une attitude « trop humaine », d'avoir des rapports « trop bienveillants » avec mes collaborateurs. Peut-être, comme l'écrivait Honoré de Balzac, que « les gens généreux font de mauvais commerçants », mais je n'étais pas commerçant, simplement le directeur juridique du département du contentieux, un département où un peu d'humanité ne peut tout de même pas nuire.

Malgré mes alertes répétées sur les conditions de travail dégradées de notre service contentieux, et un M. Bovin de plus en plus irascible et égotique, la direction reste sourde, ce qui me contraint à présenter ma candidature au CHSCT (comité d'hygiène, de sécurité et des conditions de travail) afin de défendre mes droits et ceux de mes collaborateurs (ainsi que notre dignité), éreintés sous les coups de boutoir du sieur M. Bovin !

Mais le climat social du service se corrompt de jour en jour, d'autant que je découvre que M. Bovin, le « chevalier blanc », couvre des pratiques illicites.

> Le 18 novembre 2016, plusieurs sociétés du groupe Carrefour sont assignées par le ministère de l'Économie pour avoir voulu imposer une ristourne complémentaire de distribution (RCD) comme condition d'ouverture des négociations annuelles commerciales avec les fournisseurs sans la moindre contrepartie réelle.
>
> Cette ristourne pouvait atteindre jusqu'à 7 % du chiffre d'affaires réalisé par chaque fournisseur avec l'enseigne. En cas de refus, les fournisseurs récalcitrants s'exposaient à une échelle de sanctions pouvant aller jusqu'au déréférencement de leurs produits.

Ce mode de fonctionnement est bien sûr parfaitement illégal et le tribunal condamnera Carrefour à une amende de près de deux millions d'euros dans le cadre d'un jugement devenu définitif en l'absence d'appel.

Je continue d'alerter sur mes découvertes la direction où, selon moi, le chantage et l'extorsion de fonds auprès des fournisseurs y sont pratiqués avec une habileté consommée et le trafic d'influence auprès des juges, passé sous silence. Quant au traitement des dossiers à risques, le sous-provisionnement devient un sport d'écriture comptable afin d'améliorer les résultats du groupe.

Un mot d'explication sur les provisions pour risques. Lorsque le groupe Carrefour fait l'objet d'une assignation en justice, une analyse est faite avec les avocats du groupe et les CAC (commissaires aux comptes) pour estimer si une provision doit être ou non passée et constatée comptablement. Cette provision impacte directement le résultat du groupe et est donc un sujet sensible.

On me demande aussitôt de pratiquer la politique de l'œil fermé et de la main souple. Ne rien voir, ne rien soulever et continuer le travail avec des œillères. Je ne m'y résous pas. Tel Sisyphe, chaque jour je remonte des informations comme il remonte sa pierre, et chaque jour mes avertissements retombent dans la poubelle. Les rebuffades, les réflexions dédaigneuses, les menaces seront nombreuses. Tout est bon pour me pousser vers la porte… Via le canal des avocats, pour que cela demeure confidentiel… Carrefour me proposera 800 000 euros pour acheter mon silence… Je refuse. Et en septembre 2017, la direction porte plainte contre moi pour tentative d'extorsion de fonds, chantage et vol de documents ! Le beau triptyque ! La nasse infernale ! Contraint et forcé d'entériner une rupture de contrat, je porte plainte contre mon responsable direct pour harcèlement moral.

Six mois plus tard, la société organise le démantèlement du service juridique contentieux et sur les dix-sept personnes du service, seulement trois resteront en fonction. Quant aux protagonistes à l'origine de ces agissements délétères, du harceleur en chef en passant par les « sourdes oreilles », ils ont tous mystérieusement quitté l'entreprise quelque temps plus tard dans des conditions, disons... prématurées.

Cependant, mon cas personnel n'est intéressant que dans la mesure où il m'a permis de prendre conscience d'une certaine réalité, de m'apercevoir que j'étais au centre d'un jeu de dupes où les forces en présence n'étaient bien souvent que des farces en présence. Et aujourd'hui je révèle ce que j'estime être des pratiques illicites et contraires à l'éthique d'une société digne de ce nom.

Les contentieux dont mon équipe et moi étions chargés au sein de l'entreprise concernaient essentiellement les relations avec les fournisseurs, les consommateurs ou les groupes concurrents. Nous nous occupions des litiges liés au déréférencement de produits, des remises en cause (de légitimité) des services que nous leur vendions ; nous nous chargions également des problèmes avec les bailleurs quand Carrefour était locataire ou avec les « preneurs » lorsque le groupe était bailleur – ce qui est souvent le cas dans les galeries marchandes des hyper- et supermarchés. Mais les dossiers les plus sensibles qui nous incombaient étaient ceux relatifs aux franchisés Carrefour. Franchisés qui, pour la plupart, étaient en réalité dans une détresse sociale et professionnelle que je n'avais jamais soupçonnée. Le système de la franchise Carrefour broyait des vies entières.

Je n'ai jamais eu l'ambition de devenir un grain de sable dans un rouage bien huilé. C'est lorsque les choses me sont apparues de façon fortuite par la découverte d'un document illégal que j'ai décidé de jeter l'éponge et de m'investir dans un nouveau combat, et ce, avec l'envie de faire appliquer les valeurs qui ont toujours été les miennes : une éthique qui a du sens, une fierté où le travail doit être synonyme de dignité et non pas au mieux de servilité, au pire de déchéance.

J'allais bientôt ouvrir la boîte de Pandore !

Après mon départ du groupe en février 2018, je commençai à être contacté par plusieurs franchisés qui me connaissaient dans le réseau et me considéraient comme une sorte de « gardien du temple », du moins comme le « Cerbère » sympathique qui les empêchait d'aller voir ailleurs si Carrefour ne s'y trouvait pas ! Je me rendis compte que, dépourvus de toutes les ficelles juridiques, les franchisés se trouvaient aussi englués, telle une mouche dans une toile d'araignée. Ces contrats étaient de véritables sables mouvants... Plus les « rebelles » se débattaient, plus ils s'enfonçaient. Tragique !

Un combat dont je ne veux pas qu'il soit celui d'un énième chevalier blanc, égotique autant qu'inutile, ni d'un Don Quichotte se rêvant d'abattre à lui seul des moulins gorgés de grains de blé abusivement acquis. Non, juste un combat qui puisse mettre en lumière les pratiques irrégulières d'un groupe qui depuis des années a été dévoyé de ses premières ambitions, et un engagement sincère auprès des centaines de franchisés qui sont au bout du rouleau, laminés, ruinés, dépossédés de leur bien, de leur énergie et de leurs rêves.

Des franchisés m'ont sollicité pour les aider à créer et à animer une association afin de structurer les doléances de chacun : un port où tous ces bateaux à la dérive pourraient s'amarrer.

La chose ne fut pas aisée, car un grand nombre de franchisés vivent dans la terreur des représailles qu'ils pourraient subir de la part de Carrefour. Les statuts de l'AFC (association des franchisés Carrefour) sont finalement déposés en février 2020. Le président en sera un ancien franchisé passé à la concurrence et j'en serai le trésorier.

Depuis sa création, l'AFC reste très active et entretient des relations régulières avec Carrefour et ses franchisés. Elle voit le nombre de ses adhérents augmenter mois après mois, mais les oreilles des dirigeants du groupe rester sourdes au désespoir de son armée de réserve, pour ne pas dire sa « chair à canon ».

Cette grande enseigne aux aspirations commerciales et humanistes a été totalement dévoyée au fil des années et s'est transformée en une machine à broyer les vies. Le triptyque des débuts, « des bienfaits, beaucoup ; des mensonges, un peu ; des tragédies, parfois », changera de visage, pour devenir « des bienfaits, un peu ; des mensonges, beaucoup ; des tragédies, souvent » !

Pour bien comprendre ce qu'est devenue l'enseigne Carrefour aujourd'hui, il faut savoir d'où elle vient et avec quel empirisme elle s'est constituée.

Il y a quatre victimes : les franchisés, les « vaches à lait » de l'enseigne ; les fournisseurs, centrale nucléaire du groupe ; leur meilleure variable d'ajustement : les salariés ; et les dernières victimes de ce grand jeu pipé : les consommateurs.

Mais dans cet enfer pavé de fausses bonnes intentions, nous démontrerons pour conclure qu'il existe une voie alternative, une voie du bon sens, du véritable commerce équitable, du respect d'autrui où le cynisme n'a pas sa place, un chemin sans utopie où tous les partenaires peuvent être gagnants, *doivent* être gagnants, afin d'éviter une implosion inéluctable de Carrefour et de ses satellites commerçants.

Chapitre I
La grande distribution moderne, une philosophie

Les précurseurs

La nature même du commerce n'a guère changé au cours des siècles passés. C'est à peine en une centaine d'années que tout s'est accéléré et, à chaque fois, les commerçants conservateurs ont été effrayés par l'arrivée des innovateurs. Le grand magasin (1852), le succursalisme (1860), le magasin à prix unique (1879), le libre-service (1916), le supermarché (1930), le centre commercial (1948), le grand magasin en discount et libre-service (1955).

On peut considérer qu'Aristide Boucicaut fut le premier inventeur du commerce moderne dès 1852 avec la création du Bon Marché, ce grand magasin parisien dont Émile Zola fera l'apologie dans son célèbre ouvrage, *Au bonheur des dames* : « Une cathédrale du commerce moderne, solide et légère, faite pour un peuple de clientes. » Tout ce qui fera l'apanage du « génie » commercial américain, tant vanté – comme la grande surface, le discount, la présentation de masse, la rotation rapide des stocks, la publicité tapageuse ou le produit d'appel –, avait été pensé et réalisé par Boucicaut au cœur de la IIe République française.

> « *Il posait en loi que pas un coin du Bonheur des Dames ne devait rester désert ; partout, il exigeait du bruit, de la foule, de la vie ; car la vie, disait-il, attire la vie, enfante et pullule. D'abord, on devait s'écraser pour entrer. Il fallait que, de la rue, on crût à une émeute ; et il obtenait cet écrasement en mettant sous la porte les soldes, des casiers et des corbeilles débordant d'articles à vil prix ; si bien que le menu peuple s'amassait, barrait le seuil, faisait penser que les magasins craquaient de monde lorsque souvent ils n'étaient qu'à demi pleins. Ensuite, le long des galeries, il avait l'art de dissimuler les rayons qui chômaient, par exemple les châles en été et les indiennes en hiver ; il les entourait des rayons vivants, les noyait dans le vacarme*[1]. »

Ce self-made-man, cet homme venu de rien, inventeur d'un concept qui plaira tant aux Américains quelques années plus tard, va donner le *la* d'un commerce nouveau. Suivront Alfred Chauchard avec Les Grands Magasins du Louvre (1855), Xavier Ruel avec le Bazar de l'Hôtel de ville (1856), Jules Jaluzot et ses Magasins du Printemps (1865), Ernest Cognacq, fondateur de La Samaritaine (1870) ou encore l'Alsacien Alphonse Kahn qui fera naître Les Galeries Lafayette (1895).

Bien sûr, le monde entier allait s'ouvrir à cette nouvelle vision du consumérisme, l'Amérique en tête. Chacun des acteurs de ce nouveau commerce allait apporter sa pierre

---

1. Émile Zola, *Au bonheur des dames*, BnF, département des Manuscrits, NAF 10276, fol. 419, 1881.

à l'édifice, de Franck Woolworth qui en 1879 créera les magasins populaires, jusqu'aux bébés-requins de Bernard Shulman en 1947, en passant par le libre-service de Clarence Saunders, en 1916, des supermarchés de Michael Cullen au début des années 1930, des centres commerciaux de Don Casto ou encore des discounts d'Eugène Ferkauf en 1948.

Fort de cet empirisme marchand, Carrefour sera le pionnier du concept d'hypermarché, poussant au bout l'idée du commerce intégral, mettant en exercice toutes les ambitions commerciales rêvées par ses prédécesseurs.

Un grand pas pour le consumérisme, un petit pas pour l'humanité

Si l'on excepte l'existence de la Coopérative de consommation écossaise de Robert Owen, la création de La Société du Devoir Mutuel peu après la révolte lyonnaise des Canuts en 1828, l'invention du succursalisme par Félix Potin dans les années 1840, voire la création du Bon Marché une dizaine d'années plus tard, la genèse de la grande distribution moderne prend véritablement sa source en 1920 en Colombie, le jour où naquit un certain Bernardo Trujillo. Bien sûr, au jour de cette naissance, anonyme aux yeux du monde commerçant, nul ne savait encore que cet enfant des quartiers aisés de Bogota deviendrait trente ans plus tard l'initiateur des préceptes essentiels à la future grande distribution – en tout cas du commerce à venir –, celui qu'on appellera, « le pape de la distribution ».

Après des études de droit commencées en Colombie et achevées aux États-Unis, où il sera rapidement naturalisé citoyen américain, dès 1944, Bernardo Trujillo est embauché comme traducteur au sein d'une compagnie émergente, la National Cash Register, premier fabricant mondial de caisse enregistreuse. Un univers qui, de prime abord, ne semble pas touché par la grâce du rêve, mais qui va se révéler un tremplin inattendu pour un visionnaire surdoué.

Le fringant Colombien, qui est vite remarqué pour son verbe coloré, sa faconde amusante, sa culture de puits et son charisme de comédien, est retenu pour lancer un cycle de conférences destinées aux commerçants. La direction souhaite en effet dynamiser ses ventes et imagine donc une série de séminaires baptisés « Méthodes marchandes modernes » (MMM) qui va rencontrer un formidable succès. Un succès qu'elle devra essentiellement à son jeune animateur vedette, Trujillo. L'homme est original, rebelle, provocateur et totalement désinhibé dans ses méthodes d'approche.

Un peu partout dans les pays industrialisés, la grande distribution balbutie. Elle pose ses premiers jalons avec une timidité qui n'est pas en adéquation avec la grande masse des consommateurs modernes. Après la guerre et la reconstruction, de nouveaux espaces sont à défricher, de nouvelles envies à combler, aidées par le retour à une économie plus saine et un pouvoir d'achat libéré. Mais le « vieux commerce de papa » n'est plus de mise pour faire face aux nouveaux enjeux.

Bernardo Trujillo l'a parfaitement compris, qui commence souvent ses conférences par une minute de silence, puis :

> « *Messieurs, nous venons d'observer une minute de silence à la mémoire des 25 % d'entre vous qui disparaîtront au cours des cinq prochaines années pour cause d'incompétence notoire dans l'appréciation de l'évolution de la distribution !* »

Entre dents grinçantes et rires contenus, la phrase fait mouche, réveillant les *ego* et les susceptibilités, les arrogances et les certitudes.

> « *M. Trujillo, permettez, mais j'ai vingt ans d'expérience dans la distribution !*
> *— Avez-vous réellement vingt ans d'expérience, monsieur, ou une année d'erreurs répétée vingt fois ?* »

Fermez le ban, c'est du Molière !

Ses auditeurs, chefs d'entreprise du monde entier, d'abord touchés au plexus, plient peu à peu sous le charme et les évidences énoncées à coups de formules chocs. Une série de préceptes qui vont rendre éculées toutes les vieilles stratégies commerciales.

- « Le One-stop Shopping »
  Principe essentiel qui consiste à regrouper tous les produits dans un lieu unique pour que le client ne se disperse pas.

- « Le libre-service, le discount et le tam-tam publicitaire »

Pour Bernardo Trujillo, le succès de la grande distribution repose sur ces trois pieds. Qu'un seul de ces éléments manque et tout s'effondre. Mais pour imposer cela, il faut faire table rase des vieux *modus operandi* de l'épicerie française, par exemple, qui non seulement vend ses produits à la coupe, nécessitant un vendeur, donc l'impossibilité de faire des prix, mais les propose à une clientèle de proximité déjà fidélisée, rendant inutile toute publicité.

- « La pancarte est le meilleur vendeur. »
  Compte tenu du précepte précédent, Trujillo préconise de remplacer le vendeur par une pancarte qui résume les avantages du produit, ainsi que son prix discount. Une pancarte ne se paye qu'une fois et ne part pas en vacances ! Un cynisme affiché, si l'on peut dire !

- « Le client est une animation, le produit, un décor. »
  Une idée qui part du principe qu'un magasin attractif est un magasin bien achalandé c'est-à-dire avec des allées pleines de clients – « achalandé » venant de *chaland*, le « passant » –, mais aussi aux étagères très fournies en marchandises variées. Pour Trujillo, au-delà d'une théâtralisation du rayon, seul le client attire le client. Un concept qui apporte une nouvelle réflexion :

- « Créer un îlot de perte dans un océan de profits. »
  Là encore, le cynisme commercial se transforme en axiome. Bernardo Trujillo invente, là, le principe du

produit d'appel, faisant sienne cette réflexion d'Aristide Boucicaut, le fondateur du Bon Marché : « Il y a les produits qui se vendent et ceux qui font vendre. » Il s'agit donc d'installer au centre du magasin un ou plusieurs produits vendus à perte pour attirer le client qui continuera ses courses avec les produits alentour à fortes marges.

- « Empiler haut et vendre à prix bas. »
  Il faut allonger les linéaires, user de l'horizontal et du vertical, optimiser au maximum la place disponible pour remplir le magasin des produits les plus divers. La vente en grande quantité permettra de réduire les prix et ainsi d'attirer les foules. Le principe du cercle vertueux est en place. Plus de produits, plus de monde, plus de ventes, plus de réductions, plus de monde, etc.

- « Là où est le trafic, là est le commerce. »
  Trujillo pense alors au trafic routier qui est pour lui, dès le début des années 1950, l'avenir du commerce. Il faut miser sur l'expansion de la voiture, élément essentiel des courses, *One-stop Shopping*. Ce concept admis, le « pape de la distribution » conseille aux distributeurs qui viennent aux séminaires d'implanter leurs magasins en périphérie urbaine. Ce qui lui suggère un autre concept choc :

- « *No parking, no business.* »
  La construction d'un parking est le corollaire du concept de grande distribution. Chaque place est génératrice de chiffre d'affaires. Un client de supermarché

doit toujours trouver une place quand il vient faire ses courses. Une place libre et gratuite.

- « Les pauvres ont besoin de prix bas. Les riches adorent ça. »
  Derrière une certaine violence dans les mots, l'idée est de conforter le plus grand nombre. Jusqu'alors, l'épicier tentait de vendre des petites quantités de marchandise au prix le plus élevé possible et Trujillo défend la stratégie du volume pour faire baisser les coûts d'achat et permettre ainsi au client final de profiter de la marge gagnée. À ce petit jeu, les consommateurs peu argentés s'y retrouvent, mais les gens plus fortunés aiment toujours l'idée de faire une « bonne affaire ». À moins de naître « coiffé », on ne devient pas riche impunément.

Bernardo Trujillo, chantre du prix bas et de concepts novateurs, fut le détonateur pour bien des entrepreneurs venus du monde entier assister à ses conférences enflammées. Et il en fut un, venu de France, qui sut faire sienne cette réflexion du *Candide* de Voltaire à son retour de voyage : « Il faut cultiver notre jardin. » Et dans ce jardin, il faut semer des choux et les arroser pour en faire des choux bien gras.

> *« C'était un soir d'été à Dayton, dans l'Ohio. La chaleur était tombée avec la fin du jour, il faisait bon. Je bavardais avec Bernardo Trujillo, la plus haute autorité mondiale en matière de commerce de détail. Le maître incontesté, le pape de la distribution, l'homme*

> *dont les idées, les slogans font la loi. Soudain, il se tourne vers moi et me dit : "Voyez-vous, on s'imagine toujours qu'il est difficile de réussir dans le commerce. Mais ce n'est pas vrai. Il y a une règle, une seule, et elle est infaillible. Il suffit de vendre des bons produits au meilleur prix. Tous les commerçants prétendent qu'ils le font, souvent ils le croient, mais ils se trompent. La preuve, quand l'un d'entre eux s'y emploie vraiment, comme votre Aristide Boucicaut lorsqu'il a fondé le Bon Marché, c'est une révolution*[2] *". »*

Ce Français pendu aux lèvres de Bernardo Trujillo s'appelait Étienne Thil et il sera le premier directeur marketing d'une enseigne qui allait faire la révolution : Carrefour !

2. Étienne Thil, *Les inventeurs du commerce moderne*, Éditions Arthaud, 1966.

Chapitre 2
Carrefour, une histoire française

Aux origines

Né en 1914, Marcel Fournier est dans les années 1950 une figure emblématique de la ville d'Annecy. À la sortie de la guerre, il a repris la mercerie de son père du 42 rue Vaugelas qu'il a très vite rebaptisée Grand Magasin de Nouveautés afin d'asseoir la teneur de ses ambitions. Ce quarantenaire entreprenant a compris que le commerce à l'ancienne avait vécu, qu'il fallait changer de braquet et moderniser son approche. Si, en matière commerciale, la vente est la fin qui justifie tous les moyens, pour être attractif, le commerce doit être… une attraction.

Bien sûr, l'œil de Marcel Fournier est tourné vers le succès des Galeries Lafayette du boulevard Haussmann, le « Bazar de luxe » qui fait tourner la tête des clientes parisiennes sous sa grande coupole dorée. Sous l'impulsion d'une équipe dynamique et d'une marchandise toujours plus diverse et variée, le Grand Magasin de Nouveautés devient rapidement une des attractions les plus courues d'Annecy et de Haute-Savoie.

Au point que cette notoriété nouvelle vient aux oreilles d'un autre entrepreneur aux dents plus longues que les couteaux qu'il vend, un Breton qui depuis quelques années fait les beaux jours de la ville de Landerneau, un certain Édouard Leclerc. Ce dernier désire offrir aux habitants d'Annecy l'accès au « discount » qui est selon lui l'avenir : « Le prix coûtant, c'est la garantie d'un foyer content. » Formule qui n'est pas sans rappeler les saillies enflammées de Bernardo Trujillo aux États-Unis.

Bousculé sur des lauriers aux vertus périssables, Marcel Fournier décide de relever le défi en s'associant avec la famille Defforey qu'il vient de rencontrer dans une réunion du Groupement d'achat des grands magasins indépendants (GAGMI) le 11 mai 1959. Les frères Defforey, spécialistes de produits alimentaires, veulent s'étendre sur le « bazar ». L'affaire est rapidement conclue pour bouter le « Breton » et ses envies d'expansion hors de Haute-Savoie, loin de son fief.

Très vite, les sous-sols du Magasin de Nouveautés se transforment en libres-services de 160 m^2 avec des produits vendus au prix de gros. Cette expérience improvisée dans l'urgence est un véritable succès. Le bilan est sans appel : c'est le discount, le prix bas, qui attire le client.

Certes, le consommateur français est encore quelque peu figé dans ses vieilles habitudes qui consistent à acheter au prix fort dans de multiples commerces ou épiceries. Mais le progrès s'impose… La démocratisation de l'automobile, l'arrivée des réfrigérateurs dans les foyers, le temps qui se rétrécit pour les ménagères qui deviennent de plus en plus des travailleuses, autant de facteurs qui font que les commerçants doivent répondre à de nouvelles exigences sociétales.

Les statuts de Carrefour sont déposés. Le nom de la nouvelle société est la contraction du patronyme des deux investisseurs principaux, MM. Carret et Fournier… Carre-Four!

Cinq mois plus tard, le 3 juin 1960, le supermarché Carrefour-Parmelan (850 m^2) ouvre ses portes au cœur d'Annecy. Le séjour qu'avait fait Marcel Fournier aux États-Unis et sa rencontre avec Bernardo Trujillo ont porté leurs fruits. Tout y est: le parking, la multiplicité des produits, le décor attractif, les prix bas… S'y ajoute en quelques mois, la station-service aux prix sacrifiés. Résultat des courses (sans jeu de mots): en trois semaines, Carrefour réalise le chiffre d'affaires annuel d'un épicier classique.

Deux ans plus tard, c'est la banlieue d'Annecy qui est colonisée: un nouveau supermarché Carrefour s'installe à Cran-Gevrier.

De son côté, Leclerc ne reste pas les deux pieds dans le même sabot « discount », il continue son expansion. Hors de question de lui laisser le terrain. À présent, Marcel Fournier voit grand, très grand. Son succès est « super », mais ce qu'il veut, c'est qu'il devienne « hyper ». Les mots martelés du Colombien Trujillo lui reviennent comme un boomerang: *One-stop Shopping*! Tout sous le même toit! Ce qu'il faut, c'est créer une petite ville vouée au commerce. Vêtements, fleurs, pain, électroménager, nourriture… et pour cela, 650 m^2 ou même 850 m^2 ne suffisent plus.

Un hypermarché est un commerce de détail en libre-service, de grande taille (définie en France par une surface égale ou supérieure à 2 500 m^2). Le terme « hypermarché » est inventé en 1968 par Jacques Pictet, créateur du magazine spécialisé LSA (*Libre Service Actualités*) et ancien cadre de la centrale d'achat Paridoc.

Premier hypermarché du monde

Toujours sous l'égide visionnaire d'un Bernardo Trujillo, Marcel Fournier et les frères Defforey décident de s'implanter en périphérie, là où un grand magasin peut s'étendre et où les parkings peuvent recevoir des centaines de voitures. Un terrain est rapidement trouvé dans l'Essonne à une trentaine de kilomètres de Paris. Les trois hommes semblent être les seuls à croire en une telle folie. Qui viendra faire ses courses dans une modeste ville de banlieue ?

C'est la première question que posent et *se* posent les banquiers. Le financement pharaonique d'un tel projet qui veut offrir 2 500 m² de surface marchande et un parking de 450 places est hors de proportion, d'autant que le bilan prévisionnel est totalement déséquilibré et les fonds propres de la société bien trop insuffisants. Doctement, les banquiers énoncent leur antienne favorite : « Réussissez, nous ferons le reste ! » Même les distributeurs déjà installés dans la région doutent de ce projet qui a pour ambition de dégager un très gros chiffre d'affaires. Idem pour les fournisseurs qui voient d'un très mauvais œil leurs produits vendus à prix cassés.

Mais aux réponses des timorés de tous horizons, Fournier et les Defforey continuent de penser que les grandes surfaces ont leur place en périphérie, aussi décident-ils de mettre la main au portefeuille et de suivre toutes les idées chocs de Trujillo à l'exception d'une seule : « vendre à perte pour attirer le chaland ». À la force du poignet, ils serrent les boulons, retravaillent leur plan, peaufinent leurs idées, élaborent leur stratégie. Vingt mille références sont prévues dont cinq mille de produits frais en libre-service, dix mètres de rayon crémerie, quinze mètres d'étal pour la boucherie, *idem* pour la poissonnerie, dix-huit caisses enregistreuses, des centaines de chariots rutilants, une pompe à essence aux cuves bien pleines et aux prix bien bas.

Pour répondre à la défection des fournisseurs frileux, Fournier passe par les négociants de textile italiens et part à la chasse aux grossistes français pour l'alimentaire. C'est dans cette dynamique qu'il rencontre le patron de la société Promodès, Paul-Louis Halley – une rencontre qui sera plus durable qu'un simple passage de comète, on le verra plus tard.

En fanfare

Le samedi 15 juin 1963, le premier hypermarché est prêt à ouvrir ses portes à Sainte-Geneviève-des-Bois, petite ville de 17 662 habitants à une trentaine de kilomètres de Paris. C'est une bourgade essentiellement pavillonnaire qui, jusqu'alors, n'a fait rêver aucun distributeur. Mais les dirigeants de Carrefour sont séduits, car chaque maison est pourvue d'un garage, chaque garage, d'une voiture et chaque voiture, d'un coffre…

Néanmoins, le pari est risqué… Pour Marcel Fournier et les frères Defforey qui viennent d'investir cinq millions de nouveaux francs en compte courant, c'est la victoire ou la ruine ! Anxieux, Marcel Fournier, qui joue là son va-tout, repense à l'axiome principal de Bernardo Trujillo, le triptyque essentiel : « Libre-service, discount et tam-tam publicitaire ». Cette dernière occurrence n'a pas été oubliée. Le service communication a fait du bon travail : affiches, flyers, bobino d'information dans les radios locales, articles dans la presse. Dans un périmètre de cinquante kilomètres, nul n'est censé ignorer l'importance de l'événement. Mieux encore, la veille, sous la houlette des entrepreneurs et du maire, c'est la romancière Françoise Sagan (belle-sœur de Jacques Defforey) qui parraine le grand magasin tandis qu'il est béni par le curé de Sainte-Geneviève-des-Bois. C'est une époque où on ne renâcle pas devant l'éventuel coup de pouce du Tout-Puissant. D'ailleurs, pour beaucoup, on l'a compris, il faudrait un miracle pour que cette entreprise fonctionne.

L'ouverture est prévue à 8 h 20.

Depuis plus d'une heure les voitures affluent au point de remplir très vite les 450 places de parking. Les queues d'impatients gonflent rapidement devant les portes fermées. L'ouverture est lancée comme on sonne le départ du grand prix de Longchamp. C'est un raz-de-marée qui déferle soudain dans les allées… Le mascaret nouveau ! C'est une nouvelle ère du consumérisme qui naît ce jour. En quelques minutes, les allées sont noires de monde, les chariots métalliques venus d'Alsace se bousculent, se remplissent, débordent. C'est à qui remplira son caddie le premier. On trouve de tout : vêtements, articles de sport, meubles, disques, bijoux, radios, télévisions… Bientôt, les caisses sont prises d'assaut. La matinée n'est pas terminée que MM. Fournier et Defforey frères doivent venir en renfort pour accélérer le réassort des rayons. Le succès est immédiat. Le magasin devra fermer trois fois pour réguler l'afflux de clients et les pompes à essence tomberont en panne. Le prix coûtant leur sera fatal en ce jour de juin 1963 qui restera ensoleillé dans le cœur des fondateurs. La journée enregistrera cinq mille visiteurs. Plus qu'un succès, c'est une victoire ! À tel point que dès la semaine suivante, on fait venir les caissières des petits magasins pour accélérer les encaissements.

« Vous n'irez jamais assez vite pour prendre l'argent de vos clients. » Un autre conseil de Bernardo Trujillo.

Les petits commerçants se reconvertissent en oracles, prédisant une fin rapide à cette nouvelle religion du commerce, mais contrairement aux affirmations de ces nouvelles cassandres, qui fermeront toutes les unes après les autres, cet incendie consumériste ne semble pas être un feu de paille. Les clients ont tout de suite adhéré au concept de l'hypermarché. Résultat : on agrandit le parking, on déplace les pompes à essence, on investit dans plus de chariots et on embauche en urgence. En quelques années, la superficie marchande passera de 2 500 m^2 à 6 500 m^2.

Ce succès immédiat et foudroyant est une véritable révolution dans le mode de consommation des Français. En huit ans, 24 hypermarchés ouvriront, de Villeurbanne à Vitrolles, reléguant peu à peu le commerce de proximité à sa portion congrue.

> Avec l'explosion des grandes surfaces, 30 000 commerçants de proximité disparaîtront.

Une conception qui s'affine

En 1966, un personnage clef va entrer dans ce nouveau jeu du commerce « grande taille ». Il s'appelle Étienne Thil. Journaliste de formation, il avait analysé en 1963, dans un ouvrage remarqué, *Combat pour la distribution : d'Édouard Leclerc au supermarché*[1], les prémices d'un nouveau consumérisme et l'aspect inéluctable de son développement. Lui aussi, au cours de ses études américaines, était tombé dans les rets du « pape de la distribution », comme le firent Bernard Darty, André Essel et Max Théret (la FNAC), Pierre Faye (L'Oréal), Paul Dubrule (Accor), Gérard Mulliez (Auchan) ou encore Paul-Louis Halley (Continent).

Étienne Thil est touché par le constat sans appel que fait Trujillo de la violence des faits, « ces flots de sang que chaque nouvelle révolution commerciale fait couler », « ces millions d'épiciers assassinés pour n'avoir pas su évoluer à temps... », « ce massacre implacable des commerçants routiniers par les discounters... » Sous un tel déferlement de mots cruels jetés sans équivoque par le « gourou », les chefs d'entreprise se fâchent, refusent que leurs ambitions soient comparées à des jeux du cirque sans pitié où seule la mise à mort est de bon augure.

« Nous présentons des faits, pas des opinions. » C'est avec ce petit slogan inscrit sur une pancarte que Bernardo Trujillo répond aux grincheux. Les opinions se discutent, pas les faits. Ne pas admettre le réel, c'est aller à la catastrophe. On revient donc au *Candide* de Voltaire qui préconise de cultiver son jardin, mais aussi à la réplique lapidaire et si parlante de Michel Audiard dans le film *Le cave se rebiffe*[2] : « Ne pas reconnaître son talent, c'est favoriser la réussite

1. Étienne THIL, *Combat pour la distribution : d'Édouard Leclerc au supermarché*, Arthaud, 1964.
2. Gilles GRANGIER, *Le cave se rebiffe*, avec Jean Gabin, Bernard Blier et Martine Carole, 1961.

des médiocres. » Une paraphrase, bien sûr, où le cynisme a beau jeu.

Croire que la violence de l'histoire industrielle du XIXe siècle est terminée est un leurre. Cette révolution de l'industrie a engendré la révolution du commerce et, avec elle, de nouvelles règles, de nouvelles lois, de nouveaux comportements : « Quand on produit à la machine, en masse et à bas prix, il faut vendre à la machine, en masse et à bas prix ! »

C'est sans appel. Le ver du profit est déjà dans la pomme de l'abondance et aucun retour en arrière n'est possible.

C'est donc en 1966, après avoir interviewé les dirigeants des principales chaînes de distribution américaines, qu'Étienne Thil conceptualise les raisons du succès de ces nouveaux « capitaines d'industrie » dans un deuxième ouvrage choc : *Les Inventeurs du commerce moderne – Des Grands Magasins aux bébés-requins*[3].

Un ouvrage qui s'adresse à tous les acteurs du commerce contemporain.

Si l'évidence de la cruauté du commerce moderne y est clairement exposée sans concessions, Étienne Thil, dans cet océan de profit, décèle un îlot d'humanité, îlot où les propriétaires des enseignes ne doivent pas oublier que le consommateur n'est pas un simple point à l'horizon, mais le bateau qui transportera leur succès. Les mots de Joseph Hall, le président de Kroger, le plus vieux et le plus puissant distributeur américain, sont, à ce sujet, parfaitement limpides :

3. Étienne Thil, *Les Inventeurs du commerce moderne – Des Grands Magasins aux bébés-requins*, Arthaud, 1966.

> « *Depuis quelques mois, j'ai un nouveau job. Un travail important. Je tire les sonnettes et je bavarde avec les maîtresses de maison. C'est, je crois, la mission la plus importante que j'ai remplie au cours de ma longue carrière. J'ai soixante ans et presque trente années d'expérience dans mon affaire. Si vous croyez que je suis subitement devenu fou, laissez-moi ajouter ceci : il y a longtemps que j'aurais dû commencer à tirer les sonnettes. Et je suis tellement persuadé de l'importance de cette nouvelle tâche que j'ai donné l'ordre à tous mes cadres d'en faire autant. Tirer les sonnettes, c'est le meilleur moyen de rencontrer notre véritable patron. Notre boss, la ménagère américaine. Les deux milliards de dollars qui tombent chaque année dans nos caisses, c'est son argent. Si la ménagère ne nous aime pas, si elle n'aime pas nos magasins et nos produits, elle peut nous couler…* »

… Et au cœur de la nouvelle enseigne Carrefour aussi, on veut être aimé par la ménagère française.

Le temps des conquérants

« Faire du commerce sans publicité, c'est comme faire de l'œil à une femme dans l'obscurité. Vous savez ce que vous faites, mais personne n'est au courant. » (Steuart Britt)

Cette année 1966 où, dans les allées des magasins Carrefour, flotte la voix de Michel Polnareff chantant son tube *Love me, please, love me*, est une année charnière, car le fameux « tam-tam » cher à Bernardo Trujillo est à l'honneur. Et pour le faire résonner haut et fort, Marcel Fournier et les frères Defforey se sont offert les services d'Étienne Thil qui devient le premier directeur de la communication au sein de Carrefour. « Savoir-faire et faire savoir » sera le leitmotiv de ce communicant hors pair qui deviendra très vite le directeur marketing de l'enseigne. On lui devra ce fameux logo si mystérieux composé d'une flèche rouge qui indique le passé et d'une flèche bleue stylisée qui montre l'avenir, au centre, en blanc, le C de Carrefour que personne ne remarque. Un logo moderne qui imprimera durablement la marque de l'enseigne.

La société s'étend de plus en plus, ouvrant des magasins un peu partout en France. Chartres, Anglet, Bourges, Chambéry, Créteil, Dijon, Grenoble, Nevers, Mérignac, et tisse une véritable toile d'araignée sur le territoire. L'hypermarché se répand et s'enflamme comme une traînée de poudre pour une raison économique simple qui fera florès : une trésorerie qui gonfle instantanément par un important passage en caisse et un paiement différé aux fournisseurs.

Une première tentative à l'étranger voit le jour en 1969, en Belgique. Là encore, c'est un succès prometteur qui exige de nouvelles ambitions, de nouvelles expectatives, mais pour cela il faut encore plus de moyens pour de meilleurs investissements.

En 1970, Carrefour entre en Bourse.

Les années suivantes vont voir l'émergence des implantations à l'international : l'Italie (1972), l'Espagne (1973), le Brésil (1975), l'Argentine (1982), Taïwan (1989), la Chine (1995), la Pologne (1997), etc.

Peu à peu, les géants de la grande distribution, Carrefour en tête, remportent toutes les victoires du commerce.

Quand David sommeille sous Goliath

Ce succès grandissant n'est pas du goût de tout le monde, car l'écosystème se voit fragilisé par l'essor de cette nouvelle économie qui pour beaucoup s'apparente à de la concurrence déloyale. La colère des petits commerçants gronde et son syndicat principal, la CIDUNATI (Confédération intersyndicale de défense et d'union nationale des travailleurs indépendants) exige que des mesures gouvernementales soient prises pour protéger le commerce de proximité.

Dès 1973, une loi est rapidement votée.

Le saviez-vous ?

Loi Royer[4]
Réglementation de l'urbanisme commercial

Le but de la loi Royer est de sauvegarder les petits commerces contre l'expansion champignonnesque des grandes surfaces, en limitant leur croissance.

4. Loi n° 73-1193 du 27 décembre 1973 d'orientation du commerce et de l'artisanat.

Elle rend obligatoire une demande d'autorisation aux commissions spécialisées pour les projets de création de commerce de plus de 1 000 m² dans les communes de moins de 40 000 habitants, afin de réduire la concurrence dans le secteur.

> « *Dans presque toutes les villes de notre pays, l'exercice des arts et des métiers est concentré dans les mains d'un petit nombre d'enseignes réunies en communauté qui peuvent seules, à l'exclusion de tous les autres citoyens, fabriquer ou vendre les objets de commerce particulier dont ils ont le privilège exclusif, en sorte que ceux qui, par goût ou par nécessité, se destinent à l'exercice des arts et métiers, ne peuvent y parvenir qu'en acquérant la maîtrise, à laquelle ils ne sont reçus qu'après des épreuves aussi longues et aussi néfastes que superflues, et après avoir satisfait à des droits et des exactions multipliées. Ce régime est nuisible à l'intérêt général et contraire au droit naturel.* »

Ce texte n'est pas signé par le ministre des Finances du président Georges Pompidou, pas plus qu'il ne s'agit d'un décret pensé au cours de la IIe République par le gouvernement de Louis-Napoléon Bonaparte, mais du préambule de l'édit qui abolit les corporations en 1776. Il est de la main de Turgot, le ministre de Louis XVI.

Comme à chaque époque, les corporations de métier bien installées, désireuses de ne pas perdre leurs prérogatives, leurs avantages pour ne pas dire leurs privilèges, usent de cette vieille méthode qui consiste à crier au loup face à toute innovation.

Les doigts dans la prise… de conscience

Mais à cette levée de boucliers des grincheux légitimes va s'ajouter un autre phénomène, celui de l'érosion de la nouveauté, voire une saturation de ce consumérisme galopant qui depuis dix ans se répand comme une traînée de poudre. De cinq hypermarchés en 1967, la France est passée à 305 en 1976. En moins de dix ans, l'image des supermarchés s'est singulièrement dégradée.

Cette « guerre » affichée des enseignes a lassé le consommateur. Partout les mêmes produits, les mêmes « gadgets » marketing, partout les mêmes prix bas… mais jamais assez bas ! Depuis plusieurs années maintenant, les couches les plus défavorisées de la société se sont mises à vivre mieux, avec un meilleur pouvoir d'achat, des conditions de vie plus agréables, des accès aux vacances, aux voyages. L'accès facilité à tous les produits de consommation est devenu une routine au point que le consommateur, qui devient mature, commence à se sentir une victime, un pion malléable sur l'échiquier d'un commerce inéquitable où les intérêts des producteurs et des distributeurs sont liés : faire le plus d'argent possible sur leur dos.

Cette logique purement économique, les populations n'en veulent plus. Elles ne supportent plus ces publicités agressives, ces grands ensembles impersonnels qui deviendront plus tard des banlieues ghettoïsées, ces fabrications de masse standardisées, ces produits bon marché qui se révèlent souvent médiocres. La griserie de l'abondance fait place à la gueule de bois.

Après Mai-68 et le départ de Charles de Gaulle, les années 1970 vont être le terreau d'une nouvelle ère politique où *plus de social* se veut une alternative à *trop de capitalisme*. Pour les maoïstes et les trotskystes, l'hypermarché devient le symbole d'une société de consommation qui s'emballe et l'idée du « bien-vivre » transperce la société. Certains veulent élever des moutons dans le Larzac, d'autres simplement consommer avec plus de discernement, voire de modération. Les consciences écologiques et « bio » jaillissent déjà sous la glace de ce consumérisme égotiste.

Même la politique du « prix coûtant » lancée en 1974, et aussitôt suivie par la concurrence, avait très vite replongé le marché dans la grisaille. Les enquêtes d'opinion montraient que les consommateurs se perdaient dans les surenchères d'animation toujours plus idiotes les unes que les autres.

Et si on additionne à cette « crise de conscience », un choc pétrolier « épuisant », l'enseigne ne peut que constater que la consommation des ménages baisse dangereusement. Il convient de réagir très vite.

Carrefour va alors lancer un pavé dans la mare… pour ne pas dire, dans la marque.

Réinventer pour ne pas périr

Comme le rappelait Étienne Thil :

> « *Dans l'esprit du public, les images des différents hypermarchés ne sont pas distinctes : un hypermarché est une grande surface qui vend moins cher des articles usuels. Ils se ressemblent tous et les rapports affectifs qu'ils entretiennent avec leurs clients sont faibles parce qu'ils se définissent eux-mêmes exclusivement en*

> *termes quantitatifs (parking géant, heures d'ouverture* étendues, *nombre d'articles et prix bas).* »

Quid du qualitatif ?

Les producteurs et les distributeurs vont devoir renouer avec le fondement même du commerce : les véritables besoins du client. Ce dernier en a assez d'être le dindon de la farce, d'être perdu dans un océan de soi-disant produits nouveaux et de se trouver démuni devant un choix pléthorique et souvent inutile.

L'évolution rapide du consumérisme a relégué en arrière-plan la vocation pro-consommateur qui animait Carrefour à ses débuts en même temps que la concurrence des grandes enseignes lui a fait perdre sa spécificité. Comme le disait lui-même, le fondateur de Carrefour, Marcel Fournier : « Il faudra de plus en plus intégrer nos entreprises dans la société, car elles sont au service des hommes, non le contraire. »

Une note humaniste qui résonne chez le bouillonnant Étienne Thil comme une trompette de cavalerie qui appelle à la charge. Fort de son expérience, il va orchestrer en grand secret une véritable opération marketing pour résoudre la crise de confiance à l'égard des produits de grande consommation.

MDD – Les produits libres ou les prémices d'une guerre nouvelle

Les marques de distributeur (MDD) comme, par exemple, les produits vendus sont les dénominations TEX, Reflets de France, Carrefour… ne sont pas une nouveauté en soi. Elles apparaissent au XIXe siècle avec le succursalisme qui consiste à intégrer plusieurs magasins à une centrale d'achat. Les Docks rémois, les Comptoirs français ou Félix Potin en sont des exemples. Ils développeront leurs propres marques.

Mais à l'aube des années 1970, force est de constater qu'aucune politique sérieuse concernant les marques de distributeur n'a véritablement été mise en place. C'est alors qu'Étienne Thil, convaincu que les MDD doivent être un modèle de relance pour Carrefour, organise en grand secret – secret digne des meilleurs films d'espionnage – une stratégie pour mettre en phase ce concept avec les attentes des consommateurs de plus en plus exigeants.

Opération « Alouette »

C'est une véritable machine de guerre qu'Étienne Thil va mettre en place avec une technique empruntée aux meilleures agences de renseignement. Se prend-il, dans ce désert à conquérir, pour le nouveau Lawrence d'Arabie, l'auteur des *Sept Piliers de la sagesse*[5] ? Peut-être, lui qui va bâtir les sept piliers du produit libre…

- Faciliter l'identification du produit et garantir sa qualité en le subordonnant à un responsable en cas de litige.
- Haute qualité et faible marge.
- Le distributeur devient l'allié du consommateur, pas du fabricant. Le magasin doit être un acheteur pour le client, non un vendeur pour le producteur.

5. LAWRENCE D'ARABIE, *Les Sept Piliers de la sagesse*, Castle Hill Press, 1997.

- Implantation de marques « secondaires » moins chères que les marques leader – les nouvelles générations étant moins sensibles à la publicité exagérée des produits phares.
- Nouvelle nature de campagnes informatives axées sur la qualité des nouveaux produits libres. Harmonie dans le ton à donner. Service de publicité intégré et spécifique.
- Choix de la marque et du graphisme.
- Le client a le choix entre les grandes marques et les produits maison, mais ceux de Carrefour ont un meilleur rapport qualité-prix.

L'idée est donc de lancer une marque de distributeur qui sera une marque de consommateur au point d'aller jusqu'à la non-marque « parce que le client doit avoir le libre choix comme il a le libre-service. Il devra trouver dans les rayons des produits de référence ».

« Le rêve ultime de tout publicitaire, c'est de faire la pub d'une non-marque ! » (Jacques Séguéla)

C'est avec l'idée de libérer le consommateur – et peut-être la consommation – que Carrefour invente les « produits libres ».

L'offensive publicitaire s'intensifie, se veut résolument moderne et va jouer sur les contraires avec beaucoup d'audace, bouleversant les codes de la « bienséance » en communication par ce slogan par exemple : « On fait croire encore qu'un produit est de meilleure qualité parce qu'il a un beau paquet ! C'est ça, la liberté ? »

Cela rappelle l'étrange campagne effectuée par une maison de disques de musique classique qui voulait faire la promotion des œuvres « difficiles » de Pierre Boulez, le compositeur et chef d'orchestre français souvent moqué pour ses compositions jugées au mieux « hermétiques », au pire « inaudibles ». Le slogan était : « Avec ce disque vous saurez enfin pourquoi vous n'aimez pas Pierre Boulez ! »

Résultat : plein succès ! « De l'audace, encore de l'audace, toujours de l'audace et Carrefour sera sauvée ! » Voilà ce qu'un Danton de la publicité aurait pu crier.

Les « produits libres », sans marque, au packaging sobre, aux prix permanents et à la publicité inventive, malgré les nombreuses levées de boucliers, sont un véritable succès. Dès la première année se seront écoulés neuf millions de paquets de café et dix mille tonnes de lessive.

Le tournant

Les années 1980 vont voir un ralentissement de la croissance de Carrefour. Des dissensions intestines au cœur de la famille historique en sont peut-être en partie la cause, mais pas seulement. L'alimentaire au prix discount n'est plus un événement pour les consommateurs, comme les parkings gratuits ou le choix de masse. Ils sont devenus des acquis. Certes, grâce au succès des produits libres, l'enseigne a pu mettre en avant les autres rayons, mais elle a oublié, pendant quatre ou cinq ans, un point crucial qui est l'ADN du groupe : le prix.

Comme le rappelait Étienne Thil :

> *« Quand on fait la communication d'un hypermarché, on doit respecter impérativement ces trois règles de base :*
> *1. Parler des prix bas.*
> *2. Parler des prix bas.*
> *3. Parler des prix bas. »*

Les temps changent et ils changent vite. Des nouvelles options doivent être envisagées. Pour la première fois dans l'histoire du groupe, Carrefour va recruter un dirigeant venu de l'extérieur. Le premier d'une longue série sera Michel Bon. La grosse entreprise familiale va devenir une des plus grandes entreprises françaises.

Ce changement de stratégie va se concrétiser par des extensions externes à l'entreprise et par l'acquisition d'un groupe du Sud-Est français, Montlaur, qui se trouve alors dans la position d'un vieux requin qui n'avance plus assez vite. Il sera avalé. *Idem* pour le groupe Euromarché.

En 1998, dans une OPA (offre publique d'achat) amicale de 19 milliards de francs (2,85 millions d'euros), Carrefour rachète les Comptoirs Modernes, se trouvant ainsi à la tête des 368 supermarchés Stoc (dont 27 sont franchisés), 99 supermarchés Comod (COmptoirs-MODernes), 213 supérettes Comod et 27 Marché Plus.

Le saviez-vous ?

OPA

Une OPA est une offre publique d'achat proposée par une société ou un groupe d'investisseurs pour racheter les parts des actionnaires d'une entreprise et prendre son contrôle, souvent dans le cadre d'une fusion-acquisition.

Cette OPA peut être « amicale » quand elle est le fruit d'un commun accord entre la société acheteuse et la société vendeuse. En revanche, elle peut être « hostile » quand elle est déclenchée sans l'accord de l'entreprise « cible ».

L'ère Promodès, l'air de la franchise

Le groupe de distribution Promodès fut créé en 1961 à Caen (Calvados) par Paul-Auguste Halley et ses deux fils, Paul-Louis et Robert. Cet ancien épicier manchot (uniquement géographiquement) a dans l'idée d'importer en France le concept de supermarché. Le premier ouvre en 1962 à Mantes-la-Ville. En 1969, Promodès ouvre le premier Champion, avant de se lancer dès 1970 dans l'hypermarché sous la franchise Carrefour. Les années qui suivent voient la création de Continent (1972), de Shopi (1973), de 8 à huit (1977) et le groupe s'agrandit très vite à l'international notamment avec la marque de hard-discount Dia (1979). Dans les années 1990, pour ne pas rester à la traîne de ses concurrents, le groupe lance sa marque de distributeur (la fameuse MDD) Reflets de France, qui sera développée dans tous ses réseaux.

En 1999, inquiétées par la force de pénétration du groupe américain Walmart très offensif sur le marché international et duquel une OPA hostile est à craindre, Promodès et Carrefour décident de fusionner pour devenir le deuxième plus grand groupe mondial de distribution et le premier en Europe.

La famille Halley devient l'actionnaire principal du nouveau groupe (13 %), un géant avec lequel le monde de la distribution va devoir compter… et autrement que sur ses doigts. Promodès abandonne sa marque Continent pour Carrefour, mieux implanté dans la tête des consommateurs. En revanche, les supermarchés Stoc de Carrefour passent sous enseigne Champion. Résultat stratégique d'une fusion relativement bien équilibrée… sur le papier.

Il s'agit en réalité d'une fusion de trois corps : Promodès, Carrefour et Comptoirs Modernes (aux franchises Stoc, Comod et Marché Plus). Mais derrière l'apparence stable du « trépied », on retrouve les jeux de pouvoir vieux comme l'Antiquité… Dans les associations en triumvirat chères à la Rome d'antan ou à la Terreur française, où trois hommes de puissance égale s'allient pour diriger, il arrive toujours, historiquement, que deux d'entre eux se coalisent pour éliminer le troisième (et le trium vira au duo !).

En clair, la philosophie de Promodès rejoint celle des Comptoirs Modernes par son goût de la diversité, des multipropositions d'enseigne, alors que Carrefour ne possède pas du tout la culture de la franchise.

Après la fusion des trois corps, les guerres de clochers s'invitent dans le débat. Les doublons de services s'accumulent. Trop d'acheteurs, trop de comptables, trop de services juridiques. C'est le retour de l'armée mexicaine affaiblie de trop de chefs, de colonels égotiques, de hiérarchies sourdes, de décisions contradictoires, pour diriger une armée qui ne compte plus assez de soldats. Les synergies attendues n'étant pas au rendez-vous, l'alliance court à la catastrophe si des choix rapides ne sont pas faits. Déjà, le cours de l'action chute dangereusement. Lors de la fusion, l'action au 16 novembre 1999 est à 84,38 €, au cours du dernier trimestre 2001, elle frôle la barre des 40 euros pour arriver au 1er mars 2012 à… 18,87 €. Depuis cette date, l'action n'a jamais réussi à redécoller. Son cours actuel tourne autour de 17-18 €.

Administrateur du comité stratégique du groupe Carrefour, le cofondateur de Promodès, Paul-Louis Halley, en devient le président en 2001. C'est sous son impulsion que le groupe s'oriente vers le développement de la franchise dont le savoir-faire, selon Promodès, n'est plus à démontrer.

Les avantages en faveur de la franchise sont sans appel : moins de masse salariale à gérer, pas d'emprunt, pas de risques d'exploitation, une force de développement démultipliée et rapide… En résumé, la franchise ne coûte rien et peut rapporter très gros.

> « Les affaires, c'est bien simple, c'est l'argent des autres. »
>
> (Alexandre Dumas fils)

Certes, le train est sur les rails, mais l'année suivante, hélas ! Paul-Louis Halley meurt dans un accident d'avion en Angleterre. Avec lui, c'est une certaine philosophie de l'entrepreneuriat qui disparaît. Dorénavant, la main de fer n'aura plus de gant de velours.

Des nouveaux acteurs, une nouvelle vision

En 2008, la SA Carrefour, par le vote de ses actionnaires, décide de changer la gouvernance de l'entreprise et choisit le régime du conseil d'administration qui va remplacer le conseil de surveillance. Des nouveaux acteurs vont entrer au capital comme le groupe Arnault et le fonds américain Colony Capital, les deux plus importants. Amaury de Sèze est nommé président de ce nouveau conseil d'administration.

La volonté farouche d'imposer plus encore la marque sur le marché, accompagnée d'une guerre des *ego*, va entraîner une nouvelle stratégie, consistant à rendre l'enseigne Carrefour encore plus visible. Elle s'éloigne ainsi, plus encore, de l'esprit de Promodès dont la philosophie était plutôt, « Pour vivre heureux, vivons cachés ».

Ainsi, les magasins Shopi urbains deviennent-ils les Carrefour City (200 à 600 m^2), les Shopi ruraux, les Carrefour Contact (400 à 900 m^2) ; les 8 à huit, magasins de proximité, sont rebaptisés Carrefour Express (70 à 200 m^2) ; Champion devient Carrefour Market (2 à 3 000 m^2).

Comme on le constate, il se dessine alors au sein du groupe un désir de toute-puissance avec une visibilité affichée. Il y a bien sûr, en arrière-plan, l'idée stratégique de booster le prix de l'action qui, depuis quelques années, a chuté de près de 50 %.

Dia, la « catastrophe industrielle » de Carrefour

Dia (*Distribuidora Internacional de Alimentación*) est à l'origine (1979) une enseigne de supermarchés spécialisée dans le hard-discount[6], créée pour l'Espagne par le groupe français Promodès. Son extension sera rapide, vers la Turquie, la Chine, le Brésil ou l'Argentine. Avec près de 7 000 magasins à travers le monde, dans la dernière décennie elle devient le troisième plus grand franchiseur de la distribution alimentaire.

À partir des années 2000, la fusion entre Promodès et Carrefour permet à l'enseigne Dia de s'implanter en France en intégrant peu à peu les magasins ED (l'Épicier discount).

Mais le 21 juin 2011, Carrefour se débarrasse de Dia qui devient autonome sous le contrôle du holding luxembourgeois Blue Capital. La cession est faite pour une bouchée de pain.

Trois ans plus tard, Dia fait un appel d'offres pour le rachat des 800 magasins qui jalonnent la France. Deux enseignes sont sur les rangs : Casino et... Carrefour. Et, contre toute attente, contre tout rationalisme commercial, c'est une nouvelle guerre des egos qui a lieu... Du moins telle que la conçoivent les dirigeants des deux groupes, Jean-Charles Naouri pour Casino et Georges Plassat pour Carrefour. La question est alors pour eux de savoir qui l'emportera, avec en toile de fond une rivalité ancienne entre les deux hommes. Pour mémoire,

6. Magasins qui se caractérisent par une offre restreinte de produits proposés à un prix en dessous de la moyenne.

M. Plassat avait été évincé de son poste de président du directoire du groupe Carrefour par M. Naouri, éviction qu'il avait mal vécue.

Forte d'une année qui a vu une belle progression de son chiffre d'affaires et lancée sur une dynamique d'investissement, l'enseigne Carrefour sous la houlette d'un Georges Plassat, cependant peu suivi par ses collaborateurs, emporte la vente. Pour la modique somme de 600 millions d'euros, le dirigeant rachète les 800 magasins Dia, que Carrefour avait cédés pour trois fois rien quelques années plus tôt. Une belle affaire !

Quatre ans plus tard, les magasins Dia rachetés et transformés en Carrefour (City, Contact, etc.) ferment leurs portes les uns après les autres. Les clients habitués à des magasins de hard-discount ne jouent pas le jeu de cette transition commerciale faite au détriment de leur portefeuille. En 2018, 243 magasins fermeront définitivement faute de repreneurs.

Comme nous le verrons dans les chapitres suivants consacrés aux franchisés et aux fournisseurs, cette catastrophe industrielle aura de fâcheuses conséquences sur l'ensemble des acteurs jouant sur la scène de Carrefour, franchisés comme fournisseurs.

Carrefour aujourd'hui en chiffres[7]

	Monde	**France**
Hypermarchés	1 128	253
Supermarchés	3 842	1 039
Magasins de proximité	8 573	4 472
Cash and carry	541	148
Chiffre d'affaires TTC 2022	90 810 milliards	ROC 2 327 Hausse de 10 %

Le saviez-vous ?

Le ROC

Le résultat opérationnel courant, ou ROC, est ce qu'il reste de la valeur ajoutée (la valeur économique créée par les travailleurs d'une entreprise en un an), une fois que les salaires ont été payés et l'usure des équipements compensée. Sur ce résultat, il reste à payer les charges financières, les impôts et les charges exceptionnelles, avant de pouvoir répartir le reste entre les dividendes et les nouveaux investissements. Ce chiffre est publié dans les états financiers consolidés. Le taux de ROC s'obtient en divisant le résultat opérationnel courant et le chiffre d'affaires.

7. Chiffres issus du rapport annuel Carrefour exercice 2022.

Chapitre 3
Les franchisés : les « vaches à lait » du groupe

« La franchise est le moyen le plus déguisé
d'être malveillant à coup sûr. »

Henri Bataille

Avant de développer les conditions dans lesquelles se déroule la franchise chez Carrefour, nous aimerions commencer par un témoignage qui, loin d'être une exception, sera le reflet de centaines d'autres, marquant le profond malaise qui règne au cœur de l'enseigne.

> « *Issu d'une famille "pro Carrefour", j'ai été pendant dix ans manager de magasin, "cadre" dans un hypermarché où j'ai vécu un enrichissement personnel et professionnel, Carrefour m'ayant permis d'évoluer et d'acquérir un certain nombre de compétences malgré des méthodes et des conditions de travail très discutables, composées d'amplitude horaires de plus de quatorze heures, de semaines de six jours et de réflexions déplacées de ce type : "Pour ceux qui veulent évoluer, ils positionnent leurs jours de repos et ne les prennent pas ; pour les autres, La Poste recrute."* »
>
> *Au cours de ces dix années, j'ai été un bon et loyal serviteur des différents directeurs que j'ai côtoyés sans jamais en dénoncer les pratiques douteuses.*
>
> *Épuisé par les conditions de travail, fatigué d'une pression nerveuse constante, j'ai quitté l'enseigne pendant plusieurs années… Mais comme un chien que l'on bat, je suis revenu chez Carrefour, tout en privilégiant, néanmoins, un format plus court, Carrefour Market, qui me paraissait être à taille plus humaine. La taille, oui, les méthodes, non.*
>
> *C'est alors qu'un autre format, Carrefour Proximité, est venu me démarcher pour me vanter le luxe professionnel de la franchise. Je décidai de sauter le pas. Il fut convenu que je serais licencié afin de bénéficier*

des aides liées à la création d'entreprise. J'ai fait confiance... Mais depuis La Fontaine, on sait que "tout flatteur vit aux dépens de celui qui l'écoute". Un mois après mon départ de Market, je passai au siège social pour récupérer les documents devant me servir auprès de Pôle emploi.
Surprise !
Carrefour avait requalifié mon licenciement en démission.
Je n'ai jamais signé de démission !
On m'a alors clairement fait savoir que le silence et l'acceptation étaient la "voie" de la raison, si je voulais rester au sein de l'enseigne.
Voilà comment débutait mon voyage vers cet eldorado qu'était censé être la location-gérance d'un Carrefour Proximité.
Après trois ans de franchise, je n'ai plus rien, Carrefour m'a tout pris... Tout ! Je ne peux plus me taire et je veux dénoncer les méthodes abusives que l'enseigne pratique avec ses franchisés. »

Yves

La franchise

Carrefour, premier employeur français ? Ou un mensonge en toute franchise ?

Dans son plan stratégique nommé « Le plan "Carrefour 2026" : une ambition renouvelée, une trajectoire accélérée », le groupe nous propose un article dont le titre donne toute la mesure : « La franchise au cœur de notre modèle ».

> *« Fort de l'apport des franchisés et des locataires-gérants au développement et à la performance du groupe, en particulier depuis la mise en œuvre du plan "Carrefour 2022", Carrefour souhaite renforcer ce modèle. La franchise s'est avérée une solution pertinente pour tous les formats Carrefour, y compris certains hypermarchés où la location-gérance a démontré son efficacité. Depuis 2018, la franchise a représenté 90 % des ouvertures de magasins en Europe. Le groupe entend conserver ce rythme d'expansion sur le continent en poursuivant les passages en franchise et en location-gérance selon des critères objectifs de performance et sur la base d'une évaluation annuelle. Déjà présent dans plus de 40 territoires via des partenaires internationaux, le groupe vise l'ouverture de 10 nouveaux marchés d'ici 2026, prioritairement en Afrique, au Moyen-Orient et en Amérique latine, tout en accélérant l'exportation des produits de marque Carrefour.*
>
> *Carrefour a l'ambition de renforcer le dialogue, le service et la qualité d'assistance aux franchisés, dont le poids est en progression constante. Le groupe entend inventer son futur avec ses franchisés en s'inspirant dès que possible des meilleures pratiques qu'ils développent et, en les associant plus souvent à ses décisions stratégiques en particulier sur les projets de marchandises, de marketing et de supply-chain. »*

Compte tenu de ce qui va suivre, nous aurions personnellement titré cet article : « Entre mythe et réalité ».

Carrefour se targue d'être le premier employeur français avec près de 115 000 salariés à bord de ce rutilant paquebot de la distribution alimentaire. C'est vrai... mais c'est faux ! Car dans la communication du groupe *qui concerne les employés*, on omet judicieusement de dire que sur 5 900 points de vente Carrefour, tous formats confondus, 4 800 sont en franchise. Les trois quarts des magasins appartiennent donc à des franchisés ou sont gérés par eux, c'est-à-dire des gérants qui louent, qui achètent, qui rétribuent, qui embauchent, voire... qui licencient.

« Quelle différence cela fait-il ? » pourrait se demander un esprit profane, voire candide... Elle est essentielle, pour ne pas dire stratégique !

En clair, l'immense majorité de la masse salariale du groupe est en réalité supportée par une nouvelle génération d'esclaves : les franchisés Carrefour !

Il est curieux, sinon glaçant, de constater que la langue française nous offre un tel paradoxe : utiliser dans le monde du commerce, le mot « franchise » pour désigner un mode de collaboration qui en manque parfois cruellement. La « franchise » chez Carrefour est en réalité une figure de style et les franchisés sont les vaches à lait que l'on traie jusqu'au sang.

La franchise, c'est quoi au juste ?

La franchise est un mode de commercialisation de produits et de services qui repose sur un contrat de collaboration entre une enseigne, le franchiseur, et une autre entreprise, dite franchisée. Le terme « franchise » ne s'applique que si trois conditions sont réunies : la mise à disposition d'une marque, d'un savoir-faire et d'une assistance en échange d'une rémunération. Et cela doit être à terme la réitération du succès du franchiseur.

La spécificité contractuelle de la franchise permet à un contractant de commencer une activité clefs en main et de bénéficier de l'aura du franchiseur (publicité, assistance, produits, fournisseurs, etc.). Ce dernier offre un savoir-faire « identifié, substantiel et secret » contre un droit d'entrée et des redevances forfaitaires calculées sur un chiffre d'affaires.

Juridiquement et financièrement, le franchisé est indépendant du franchiseur et peut donc gérer son entreprise en toute liberté dès l'instant où il ne sort pas du cadre défini par l'enseigne. La franchise est donc un type de contrat où le paradoxe est de mise puisqu'il respecte à la fois l'indépendance et la liberté du contractant tout en lui imposant un cadre très serré.

Comme le dit Yves Sassi, le président du Club de la franchise : « La franchise est un puissant levier commercial qui permet à une enseigne de se développer avec l'argent et l'énergie du franchisé. » Une enseigne sans scrupule, dotée d'un service juridique hors pair, pourrait voir là une véritable aubaine commerciale.

Terre promise, terre due ?

Les propositions de Carrefour pour attirer de nouveaux franchisés sont, c'est bien naturel, très alléchantes. Elles offrent tous les aspects d'une relation de confiance où les deux parties sortiront gagnantes. Avec Carrefour, entreprendre est à la portée de tous. Une envie de liberté, le désir de mettre son énergie au service d'une grande enseigne deviennent possibles. Devenir son propre patron et prendre sa vie professionnelle en main n'est plus un rêve, mais une réalité tangible. Si vous aimez les défis, rendre service, si le vent du commerce alimentaire vous pousse, si vos qualités de gestionnaire et d'organisateur ne demandent qu'à s'épanouir et si manager une équipe vous galvanise, alors l'enseigne Carrefour est faite pour vous. Vous pouvez être seul, en couple, avoir de l'expérience… ou pas, posséder des fonds… ou pas, le magasin qui vous ressemble existe, qu'il soit Carrefour Contact, Express, City, Market, Bio, Montagne, Promocash, il vous attend.

Oui, il vous attend, comme la souricière attend le rat. Un petit morceau du gros fromage est posé là, à portée de patte. La patte y restera, l'épaule aussi, et tout le corps suivra. Quant au fromage, lui…

L'exemple de Stéphane est révélateur de cette situation :

> *« Un livre, une page, une histoire, mon histoire est commune à beaucoup de membres franchisés Carrefour.*
> *1997 : début de l'aventure en grande distribution : responsable produit frais puis adjoint de direction, j'évolue dans ce grand groupe avec l'envie d'avancer et devenir mon propre patron.*
> *2003 la franchise MARCHÉ PLUS : après un stage de formation, un test psychologique, je vais créer ma propre entreprise, réaliser mon rêve d'enfant et devenir*

gérant de société dans la grande distribution, accompagné du meilleur franchiseur de la place.
Octobre 2003: mon magasin ouvre ses portes, je suis ravi de porter les couleurs de ce groupe. Nous faisons le CA (chiffre d'affaires) prévu en troisième année dès la première, notre concept est efficace.
En 2006, forts de notre succès, nous agrandissons le magasin en doublant sa surface, […] aveuglé par mon projet, mon envie, j'avance. Carrefour ne veut pas que je sois propriétaire de mes murs, mais cela je le découvrirai plus tard…
En 2009, mon entreprise se portant bien, je désire en créer une autre, le bras de fer commence avec mon franchiseur et associé. Je découvre avec stupéfaction que je suis cantonné à un magasin, un seul, pas un de plus car mon associé minoritaire en a décidé ainsi chez Carrefour: un franchisé, un magasin. Mon franchiseur, par sa prise de position, m'enferme et m'empêche de me développer.
En 2011, Carrefour désirant basculer mon entreprise sous une de ses nouvelles enseignes (Carrefour City) accepte ma position d'entrepreneur et accède à ma requête d'avoir un deuxième magasin.
Je passerai donc mon premier magasin en Carrefour City et rachèterai un Shopi pour le transformer en Carrefour Contact.
Content de cette victoire, je me retrouve à la tête de deux entreprises associées avec Carrefour qui ont comme ambition de faire du commerce et de faire briller les couleurs de ce groupe.

Malheureusement, la suite ne se passera pas comme prévu, le changement national des enseignes a eu comme effet secondaire une perte quasi totale des relations franchisés-franchiseurs. Plus aucune interaction, une information descendante, nous sommes transformés en de simples exécutants. Je commence à comprendre que nous ne travaillons pas pour le même intérêt commun malgré nos imbrications et notre association.
En 2015, mon comptable me propose le dossier d'un de ses clients à la vente. Je lance une étude de marché et décide de m'associer pour reprendre ce site et créer un Carrefour City dans un quartier où l'enseigne est totalement absente.
Carrefour vient alors de racheter les magasins Dia, vendus un euro symbolique quelques années auparavant. Mais on nous affirme que le Dia situé juste à côté ne deviendra pas un Carrefour City. Alors GO, on signe le bail et on s'apprête à ouvrir. Le lendemain de la signature, nous apprenons que le Dia passera Carrefour City, je rentre en guerre avec mon franchiseur qui m'a trahi, ne me respecte pas et, pire, me vole !
L'ouverture du site n'est pas facile : manque de CA, mais surtout manque de rentabilité ; je décide de faire une étude tarifaire pour vérifier que mon franchiseur et fournisseur principal respecte son seul engagement, qui est de me vendre au meilleur prix.
Le résultat de l'étude tombe : mon fournisseur principal ne me vend pas au bon prix, pire il est 24 à 28 % plus cher sur 97 % de l'échantillon analysé. La confiance est rompue, […] découvrant que Carrefour

n'a pas de part dans ma nouvelle société, je demande de pouvoir vendre cette entreprise à une autre enseigne.
Janvier 2017 : ce Carrefour City bascule sous l'enseigne Utile, pas de baisse de chiffre d'affaires et une rentabilité plus qu'accrue.
L'entreprise sous Carrefour avait perdu plus de 200 000 euros, gain de 80 000 en une année (2017), retour aux capitaux propres positifs en moins de trois années, bref le changement d'enseigne a sauvé cette entreprise et ses 7 salariés.
[...] Je me suis rendu compte à quel point j'avais été naïf contrairement à mon associé (groupe Carrefour) qui, lui, avait tout prévu et menti...
Je décide donc de quitter le groupe avec mes sociétés que j'ai construites de toutes pièces, il n'était pas envisageable pour moi de repartir à zéro, sans le fruit de mon travail et de mes équipes.
J'ai dénoncé mes contrats de franchise en 2017, soit une année avant la fin, comme stipulé dans mes contrats de franchise.
On pourrait penser qu'un tel groupe essayerait de minimiser la chose et de trouver un accord. Il n'en fut rien, leur seul objectif est de garder les magasins afin de protéger leur business fleurissant et maintenir leur politique de terreur auprès des autres franchisés.
Je suis alors rentré en guerre avec mon associé minoritaire.
Au moment où j'écris ces mots, soit cinq années après le début de ce combat (quatre référés, trois cours d'appel, six arbitrages, un avis de l'Autorité de la concurrence), je peux vous dire à quel point Carrefour est néfaste

pour la franchise, les franchisés, mais aussi nos clients, nos salariés.
En avril 2019, suite à un jugement favorable, j'ai eu la chance de pouvoir basculer mon magasin Carrefour Contact sur une autre enseigne. Résultat : nous sommes passés en trois années de 17 à 33 salariés, une augmentation du chiffre d'affaires de 50 % grâce à un assortiment digne de ce nom et une baisse des prix significative de 5 %. Et un résultat en pleine explosion.
Un vrai bonheur de faire enfin le métier pour lequel on est prêt à s'investir corps et âme, avec les bons outils de pilotage et une entreprise fleurissante. Le groupe Carrefour avait, lui, tout prévu : la minorité de blocage et les statuts lui permettant d'attaquer toute personne qui souhaiterait faire appliquer les règles de la franchise.
Carrefour détournait la franchise avec comme seule ambition de se développer à moindre coût et sans risque, tout en continuant de récupérer les résultats des franchisés comme s'ils étaient des magasins intégrés.
Cette politique de terreur entraîne l'appauvrissement des franchisés et permet à ce groupe de continuer chaque jour son développement.
Je compte mener mon combat jusqu'au bout et faire cesser l'ensemble de ces pratiques. »

Stéphane fut le premier des franchisés à oser parler et à oser remettre en cause le modèle de franchise tel que Carrefour le lui a imposé. Il est en procès avec le groupe depuis 2017, qui cherche à l'asphyxier moralement et économiquement afin qu'il abandonne le combat. Mais

Stéphane ayant un caractère bien trempé, et des convictions fortes, il continue de lutter.

Pour la petite histoire, Stéphane ayant réussi à faire passer l'un de ses magasins sous enseigne U Express, il fut également le premier président de l'association des franchisés Carrefour dont nous parlerons ultérieurement. Il n'a occupé ses fonctions que quelques mois contraint avec regrets de devoir démissionner sur ordre de la coopérative U Enseigne qui elle-même a dû céder à la pression de Carrefour et de son président, M. Bompard qui menaçaient U Enseigne de réduire à néant leur centrale d'achats commune Envergure.

Chez Carrefour, tous les coûts sont permis pour garder captifs *ad vitam aeternam* leurs chers franchisés.

Petits prix, grandes étiquettes

Mais pourquoi les futurs franchisés s'empresseraient-ils de signer des contrats qui sont conçus, nous le verrons, contre leurs intérêts ?

La réponse est en partie dans le processus de sélection. Sur des milliers de demandes – Carrefour parle de 33 000 dossiers par an –, seuls sortiront vainqueurs quelques élus. Pour le sélectionné, avoir réussi « l'examen » convoque chez lui un sentiment de fierté que les marchands du *tout-à-l'ego* savent merveilleusement exploiter. La puissance de feu de l'enseigne, sa notoriété et le discours parfaitement rodé de ses cadres invitent peu à la méfiance chez des volontaires qui ne demandent qu'à être convaincus.

On dit que, dans le commerce, plus le prix est petit, plus l'étiquette est grande. On pourrait ajouter que plus le piège est gros, plus la victime est myope.

Deux solutions « s'offrent » au postulant.

Pour être certain qu'aucun voyageur ne rate le train d'une bonne affaire, Carrefour met à disposition des candidats potentiels deux propositions susceptibles d'intéresser le plus grand nombre de postulants :

- La location-gérance qui permet, pour un apport modeste (7 500 euros), d'investir dans un projet à taille humaine tout en bénéficiant du savoir-faire et de la logistique d'un groupe.
- Le franchisé investisseur qui peut, avec un apport allant de 80 000 à 300 000 euros, financer directement l'achat de son fonds de commerce.

La location-gérance

La carotte

Pour cette première occurrence, l'appel d'offres est simple comme un coup de fil[1] :

> « Ce dispositif, accessible avec *un apport minimum de 7500 euros, vous permet de louer et de gérer un fonds de commerce appartenant aux enseignes Carrefour. Après trois ou quatre ans d'exploitation, vous aurez constitué l'apport nécessaire pour devenir propriétaire d'un magasin franchisé.* »

On voit dans cette proposition séduisante qui requiert un assez faible investissement, que le conditionnel n'est

1. « Le bonheur, c'est simple comme un coup de fil », publicité des PTT, 1983.

pas de mise : « Vous aurez constitué l'apport nécessaire ». Certes, on n'attrape pas les mouches avec du vinaigre, cependant la réalité d'un tel résultat se révèle, dans le plus grand nombre des cas, totalement impossible à réaliser.

Selon les directeurs des différents formats, le « profil type » d'un candidat n'est pas souhaité par l'enseigne. Il doit néanmoins avoir une vision de la satisfaction client, avoir la fibre commerçante et vouloir être autonome tout en étant encadré (*sic*). Quels que soient l'âge ou l'expérience du candidat, « nous voulons des patrons ». C'est la conjonction de deux savoir-faire qui fera une équation gagnante.

Lorsque le dossier du candidat est accepté, on lui soumet un contrat de gérance. Plus exactement, il *se* soumet à un contrat de gérance, qui est d'une année, renouvelable pour une durée indéterminée et révocable à tout moment sans motif, avec un simple préavis de trois mois. Un contrat de franchise est également signé pour sept ans, ainsi qu'un troisième contrat d'approvisionnement pour la même durée. Pour information, ces dernières menottes ont un manuel d'utilisation de plus de 500 pages.

Mais il faut se dépêcher… Il y a beaucoup d'appelés et peu d'élus et les bonnes occasions ne se présentent pas tous les jours. Il faut savoir se décider rapidement et avoir le goût du défi, ce sont les qualités essentielles d'un bon entrepreneur. De plus, un partenariat avec l'enseigne la plus populaire de la grande distribution alimentaire ne peut être qu'un gage de réussite. Qui penserait le contraire ? Surtout pas un candidat qui vient de réussir brillamment les tests. Ce fut le cas de Paul :

« Tout a commencé par un simple like sur le site LinkedIn à propos d'un recrutement pour une location-gérance chez Carrefour. La simple injonction, "devenez votre propre patron" m'avait mis quelques étoiles dans les yeux. J'avais cliqué sans vraiment réfléchir. Deux jours plus tard, l'antenne Carrefour Proximité de ma région me contacte et me propose un rendez-vous d'information. On y parle salaire, "challenge", investissement, comment devenir propriétaire en trois ans de capitalisation. Quelques jours plus tard – ça ne traîne pas –, je suis convoqué à un nouvel entretien pour parler de mon expérience, de mes envies, de mes ambitions, de ma motivation. J'étais alors responsable d'un rayon boucherie d'un commerce lillois. On me demande quel est le chiffre d'affaires généré, si je rencontre des problèmes de management, si l'entrepreneuriat ne m'effraie pas… Au terme de l'entretien, pour mon interlocuteur, le résultat est clair : "si vous avez 7500 euros à investir, vous pouvez devenir locataire-gérant et en trois ans capitaliser 100 000 euros pour devenir propriétaire !" C'est magnifique ! "Vous êtes fait pour un Carrefour City !"

Oui, je suis fait… comme un rat.

Mais je ne le sais pas encore.

Pour l'heure, tous les voyants sont au vert. L'optimisme est de mise et je suis prêt à quitter mon travail pour me lancer dans la grande aventure Carrefour.

J'ai néanmoins droit à toute une batterie de tests sur des mises en situation, et une analyse de personnalité. Ces évaluations s'avéreront positives et on me demandera une garantie bancaire pour les 7500 euros qui

constitueront le capital de ma société. (s'agit-il d'une SARL ?) Plus qu'une garantie, c'est un sésame. La porte de la grande enseigne s'ouvre devant moi et toutes les ambitions sont permises.
Cela commencera par un stage de trois mois à Boulogne-sur-Mer avant que l'on m'affecte un magasin. En cours de stage, mon futur conseiller-franchise, M. K., vient m'annoncer que l'on va m'octroyer le Carrefour City de Calais. C'est une bonne nouvelle, car ce n'est pas loin de chez moi et à présent la perspective de devenir mon propre patron m'excite de plus en plus, d'autant que les patrons du City de Boulogne ont l'air enchanté de leur gérance. Les paroles de la chanson seront moins drôles avec les gérants du Carrefour City d'Étaples où j'entame un deuxième stage. C'est un couple au bout du rouleau qui m'exhorte à ne pas me lancer dans cette folie, de reculer pendant qu'il en est encore temps. Je préviens M. K. qui m'explique que ce couple n'est pas à la hauteur et que leurs déboires sont le fruit de leur incompétence. Pour ne pas me démotiver, on me replace à Boulogne. Régulièrement, je me rends incognito au Carrefour City de Calais, mon futur magasin, pour extrapoler, imaginer la façon dont j'allais développer mes idées.
Pendant le reste du stage, rien n'altère mon envie d'entreprise. On me répète que c'est une gestion simple et très bien accompagnée. Je suis prêt pour Calais.
Mais au dernier moment, on me propose plutôt un autre Carrefour City à… Boulogne-sur-Mer ! Malgré ce revirement, c'est encore mieux, j'y habite.

Je me rends au siège de Carrefour Proximité où m'attend mon conseiller-franchise, M. K., avec un contrat énorme que je dois parapher et signer tout de suite. Je demande deux jours avant de signer.
Refusé. "C'est urgent ! – Signez ou le magasin va vous passer sous le nez !" »

Une antienne que tous les contractants entendent après s'être formés pendant des mois, après que, galvanisés par un discours entreprenant, positif, optimiste, l'idée de reculer n'est plus envisageable à leurs yeux. Martine de Lagneux, elle aussi, en a fait les frais :

« *J'ai travaillé pendant neuf ans dans un Carrefour Market comme chef de rayon aux produits frais, payée au SMIC. En 2017, lassée de végéter sans espoir d'évolution, je décide avec mon compagnon de tenter la franchise. Je connais le groupe par cœur, du moins le pensais-je. Les tests se passent très bien et tout le monde est adorable. Mon conseiller en franchise ne tarit pas d'éloges. On nous propose le magasin de Périgueux qui est "une occasion à ne pas rater". Je dois me décider très vite pour ne pas laisser passer "la bonne aubaine". On ne me laisse pas le temps d'éplucher les contrats que je signe en confiance. Je signe vite… trop vite !* »

Parfait. Une fois les contrats rapidement signés sur un coin de table, en étant bien assuré qu'aucun avocat ne mettra son nez dans ces clauses labyrinthiques, la véritable aventure peut commencer. La carotte, on l'a bien compris, est une capitalisation rapide sur trois ou quatre ans afin d'être en mesure d'acheter le fonds de commerce à l'issue de cette période.

Paul passe outre ces inquiétudes, car comme la plupart des contractants, la mauvaise expérience des autres ne peut pas être la sienne :

> *« Deux jours avant ma prise de fonction au magasin de Boulogne, je rencontre un gérant fatigué, anéanti… Il y a six mois qu'il a pris l'établissement et il cumule déjà 50 000 euros de dettes. Cependant, il reste évasif sur la question. Comme je m'y attendais, M. K. me brosse le portrait d'un franchisé peu efficient, seul responsable de l'état dans lequel il se trouve, "lui et le magasin". Je sais qu'un cas ne fait pas l'autre et je reste dans ma bulle, concentré sur mes objectifs et mon ambition.*
>
> *Le premier jour de ma prise de "pouvoir", je suis convié à l'inventaire général du magasin dans des conditions qui m'apparaissent peu professionnelles, voire illégales. La femme du gérant, qui n'est pas salariée de l'entreprise, compte également les produits d'un stock que je vais devoir acheter. Connaissant le niveau d'endettement du couple, je suis inquiet. D'ailleurs, les écarts sont énormes. Mais là encore, M. K. me rassure, c'est la méthode habituelle, et je signe l'achat du stock.*
>
> *Malgré mon enthousiasme, je trouve les méthodes un peu expéditives, mais je suis néanmoins rassuré à la fin du mois suivant lorsque je constate que mon premier compte de gestion est positif et que je commence à capitaliser. »*

Paul, comme beaucoup d'autres franchisés, avec quatorze heures de travail quotidien, n'a pas vraiment le temps de s'agacer sur le salaire de 2 000 euros brut qui lui a été imposé par Carrefour. Imposé et non négociable. Pas plus qu'il ne s'offusque quand il apprend qu'il doit payer la mutuelle de sa poche et que les livraisons à domicile – service auquel les clients sont habitués – devront se faire avec son véhicule personnel. Autre cerise sur ce gâteau bien étouffant, les notes de frais sont interdites. Aucun bonus n'est prévu dans le budget. En gros : « Démerdez-vous ! »

On se souvient du changement de magasin à la dernière minute du Carrefour City de Calais pour celui de Boulogne. Ce n'est bien sûr pas le fruit du hasard, mais un *switch* habile de la direction qui parvient ainsi à se débarrasser à grands frais (ceux de Paul) du gérant endetté de Boulogne. D'une pierre, deux coups pour Carrefour, une pierre autour du cou pour Paul.

> « *En parallèle à ce manque à gagner sur mon chiffre d'affaires en raison des frais de voiture et de mutuelle en plus, je dois faire face au climat social du magasin., C'est un quartier sensible de Boulogne (on me l'avait laissé entendre), et le personnel se sent quotidiennement en insécurité. Pour ne rien arranger, chaque mois, je constate des erreurs sur les bulletins de paie qui sont réalisés par le cabinet d'expertise comptable Grant Torthon (un partenaire imposé d'office par Carrefour). Pour éviter un mouvement social, j'offre une prime de 100 euros à mon personnel. Aucun geste commercial ne viendra de Carrefour qui fait la sourde oreille. Idem pour les erreurs de livraison de marchandises, des*

manquants qui doivent faire l'objet de réclamations incessantes qui restent parfois lettres mortes pendant des semaines. J'alerte M. K. de toutes ces dérives insupportables, mais au lieu de me soutenir, il me menace. Je dois respecter mon contrat ou il fera fermer le magasin. Mon avocat mettra plus de deux mois à me sortir de cet enfer. Deux mois pendant lesquels j'ai subi des intimidations que je qualifierais de mafieuses.

Je souhaite le meilleur à mon successeur qui, comme moi au début, se croit l'homme de la situation alors qu'il n'est que le nouvel homme de l'impasse. »

Trajectoire tragique d'un commerçant engagé, travailleur, de bonne volonté qui se retrouve enfermé dans une nasse de laquelle il ne peut quasiment pas sortir. Touché au portefeuille, certes, mais plus profondément dans sa fierté. Diminués, rabaissés, humiliés, c'est avec le cœur lourd que des centaines de franchisés, seuls ou en couple, doivent, à un moment ou à un autre, jeter l'éponge, convaincus qu'ils ne sont pas à la hauteur, qu'ils n'ont pas les épaules pour porter le costume de l'entrepreneur. Le désespoir et la dépression frappent souvent à leur porte et c'est même parfois l'image de la grande faucheuse qui surgit.

Pourtant, dans la plupart des cas, l'échec n'est pas de leur fait. Bien sûr, il existe des erreurs d'aiguillage, des profils qui ne correspondent pas, des ambitions mal placées ou des candidats qui présument de leurs forces et de leurs capacités, mais ils ne représentent qu'une minorité. Les conditions d'étranglement des contrats sont telles que les plus déterminés d'entre eux finissent par ressembler à une mouche empêtrée dans un pot de confiture. C'est un système où l'argent tourne en rond pour revenir au même bénéficiaire.

Signez en bas !

Connaissez-vous la différence entre l'ennui et les ennuis ?

L'ennui, c'est quand vous lisez tous les alinéas d'un contrat.

Les ennuis, c'est ce qui arrive quand vous ne le faites pas !

Pour éviter que les contrats commerciaux déséquilibrent une alliance et associent simplement un profiteur avec le dindon de la farce, la loi Doubin a été votée le 31 décembre 1989.

La loi Doubin, article L330-3 du Code de commerce :

> « *Toute personne qui met à la disposition d'une autre personne un nom commercial, une marque ou une enseigne, en exigeant d'elle un engagement d'exclusivité ou de quasi-exclusivité pour l'exercice de son activité, est tenue, préalablement à la signature de tout contrat conclu [...], de fournir à l'autre partie un document donnant des informations sincères [... Ce document] ainsi que le projet du contrat sont communiqués vingt jours minimum avant la signature du contrat.* »

Chez Carrefour, cette dernière phrase a été le plus souvent oubliée.

Au plus profond du DIP

Le postulant au nirvana du commerce tant vanté, est rapidement convoqué au siège de l'enseigne Carrefour pour signer les contrats. Ils seront pour l'essentiel au nombre de quatre. Un contrat de gérance, un contrat de franchise et un contrat d'approvisionnement. Le quatrième – en réalité le premier – est un document d'information précontractuel (DIP), celui imposé par la fameuse loi Doubin qui sécurise le franchisé en l'informant de la nature des différents contrats qu'il aura à signer. Le contractant dispose de vingt jours minimum pour le lire, ou le faire lire par un avocat, afin de le parapher en toute connaissance de cause.

Document exhaustif, on y trouve :

- Les deux derniers bilans du franchiseur qui offrent une santé de fer.
- La liste des magasins intégrés ou assimilés et celle des magasins franchisés propriétaires.
- Les projets de contrat (franchise, approvisionnement) – curieusement celui de gérance ne s'y trouve pas…
- Un état général du marché de la distribution alimentaire.
- Une étude de marché du magasin qui sera alloué au franchisé.
- Un compte d'exploitation prévisionnel.

Ce compte d'exploitation prévisionnel (annexe 1, exemple de CEP) permettra d'appâter le futur exploitant, quand celui-ci constatera, au résultat net, que sa capacité de capitalisation pour le rachat de son fonds sera, en trois annuités, de 111 000 euros. Par exemple, de 26 500 euros la première année, de 30 900 euros, l'année suivante et de 52 600 euros en troisième année. Vraiment une affaire à ne pas rater !

Car chez Carrefour, l'énergie, la volonté, la prise de décision rapide, sont de mise. Le temps de la réflexion ne fait pas bon ménage avec l'esprit d'entreprise et, surtout, le risque de voir une bonne affaire passer sous le nez du futur franchisé est à redouter, aussi le DIP est-il régulièrement antidaté de vingt jours et doit être signé le jour même, avec les trois autres contrats.

Illégal ? Oui.
Efficace ? Oui.
Moral ? Oui… enfin, si c'est rentable.

Avec l'utilisation détournée de ce document d'information précontractuel (DIP), qui est pourtant une obligation légale, Carrefour trompe impunément les franchisés en toute connaissance de cause, qu'ils soient en location-gérance ou propriétaires.

Pour les locataires-gérants, pas un mot n'est mentionné sur le contrat de location-gérance et la précarité totale de la situation qui en découle pour les franchisés, lesquels, passé la première année, sont sous le risque d'une dénonciation du contrat de location-gérance avec le simple préavis de trois mois (*exit* les sept ans des contrats de franchise et d'approvisionnement qui pourtant leur ont été vendus dans le cadre du DIP). Les conséquences sont dramatiques, puisque le locataire-gérant qui se retrouve dehors n'a pas le droit au chômage (annexe 2, exemple de la clause durée du contrat de location-gérance type).

Pour les franchisés propriétaires d'un fonds de commerce, c'est l'effet inverse qui se produit. Ils se retrouvent enfermés à vie sous le joug de Carrefour puisque le DIP est cette fois totalement muet sur les statuts-types et les clauses pièges qu'ils contiennent (*exit* la durée de sept ans prévue par les contrats de franchise et d'approvisionnement et bonjour les 99 ans ou *a minima* les trente ans d'emprisonnement), ainsi que sur le pacte d'associés. Pacte d'associés – nous le verrons plus loin – qui est un modèle du genre… ce genre que l'on dit, parfois, peu fréquentable!

Reconnaissons que le montage est « habile » et produit à tous les coups un effet gagnant pour Carrefour. Dans un cas, c'est l'issue d'une précarité annoncée qui est dissimulée; dans l'autre, c'est la perspective d'un emprisonnement à vie qui est rendue invisible dans cet écheveau de clauses contradictoires.

Les contrats

Le contrat de franchise

Dans ce premier contrat, le franchiseur Carrefour n'a que peu de contraintes: il met l'enseigne à disposition, donne une définition claire du savoir-faire de l'entreprise et définit précisément la notion d'assistance. Trois clauses qui ne coûtent pas cher.

En revanche, le franchisé va devoir se plier à un grand nombre d'obligations telles que respecter l'objectif commercial défini par le franchiseur, l'architecture d'implantation, la politique tarifaire, les horaires d'ouverture…

Il devra faire l'acquisition, à ses frais, de la tenue vestimentaire du groupe et en faire respecter le port par ses salariés (le gilet aux couleurs de Carrefour représente la valeur de l'enseigne et il doit rester propre). Le franchisé devra également se tenir à un assortiment minimum des produits, ce qui revient à une quasi-exclusivité d'approvisionnement chez Carrefour. En gros, « Approvisionnez-vous où vous voulez, mais obligatoirement chez nous ! »

S'ajoute à ce diktat une clause d'approvisionnement sur la marque de distributeur (MDD) qui représente 30 % des produits. Pourcentage qui est passé tout récemment à 40 %, ce qui permet à l'enseigne d'augmenter substantiellement ses marges sans en faire nécessairement profiter ses partenaires en franchise.

Pour conclure ce contrat, on ajoute une clause d'arbitrage en cas de litige (annexe 3, exemple de clause d'arbitrage figurant dans la quasi-intégralité des contrats signés par les franchisés). Les candidats à l'entreprise, souvent tout feu tout flamme, ne perçoivent pas là les prémices d'une tragédie future. L'arbitrage est une justice privée qui extrait le contentieux de la compétence des tribunaux étatiques comme le tribunal de commerce, la cour d'appel ou la cour de cassation. Au cas où cette justice privée (de justice) est saisie, il en coûtera un billet de cent mille euros au franchisé pour pouvoir accéder à la justice (hors frais d'avocat) étant rappelé que si le franchisé avait la possibilité de saisir les juridictions étatiques classiques, il ne lui en coûterait que quelques milliers d'euros.

Cette somme de cent mille euros dissuade la très grande majorité des franchisés de faire valoir leurs droits en justice.

« Le dernier mot dans une affaire est toujours un chiffre[2] » !

Nos experts sont les meilleurs…

Devenir franchisé chez Carrefour, c'est s'interdire le droit de choisir son expert-comptable. Inutile de perdre son temps pour aller chercher un peu d'indépendance comptable ailleurs puisque l'enseigne propose… ou impose, trois cabinets d'expertise : In Extenso, Grant Thornton et Mazars. Il est intéressant de préciser que ce dernier est également un des commissaires aux comptes (CAC) du groupe Carrefour, celui-là même qui valide ses comptes annuels. On notera toute la déontologie de ce mélange des genres proche du conflit d'intérêts.

L'avantage de cette pratique – pour Carrefour uniquement –, c'est que les franchisés paient leurs prestations beaucoup plus cher qu'ils ne le feraient auprès d'un expert-comptable aux ambitions plus modestes, d'autant que Carrefour perçoit des rétributions de la part de ces cabinets comptables référencés. La base même du référencement étant de se faire payer ! Sans doute plus grave encore : cette pratique permet au franchiseur d'avoir accès aux informations comptables de son franchisé, alors que celui-ci est censé être indépendant.

Pour l'exemple, voici les extraits d'un courrier adressé au cabinet d'experts-comptables In Extenso par un franchisé suite à une augmentation sauvage des tarifs – courrier qui clarifie nettement l'opacité des rapports.

2. Albert BRIE, *Le Mot du silencieux*, Fides, Montréal, 1978.

> *« Je vous rappelle que nous ne vous avons pas choisi ; notre franchiseur nous a "incités" ou "fortement conseillé" de vous prendre comme expert-comptable.*
> *Vous êtes référencé par CPF filiale du groupe Carrefour ; qui dit référencement dit "contrat" ou "accords historiques", comme bon vous semble. Tout contrat de référencement chez Carrefour implique des rémunérations au profit de ce groupe ou de ses filiales au nombre desquelles figurent CPF. Le groupe Carrefour n'étant pas une entreprise de bienfaisance ou philanthropique, nous voulons disposer de vos accords avec CPF, afin de vérifier le bien-fondé de vos propos.*
> *Notre demande est légitime et fondée puisque nous sommes vos "clients" et que nous devons bénéficier d'une transparence totale de votre part.*
> *Jusqu'à une date très récente vous avez été une filiale du groupe Deloitte, commissaire aux comptes de Carrefour. Ce fait est troublant pour nous et nous ne pouvons que réitérer nos plus expresses réserves sur cette situation, situation pour laquelle nous interrogerons en temps utile les autorités compétentes en la matière.*
> *Dans l'immédiat nous attendons par retour de courrier l'ensemble des accords que vous avez signés avec la société CPF, étant précisé qu'à défaut de communication de ces accords dans leur intégralité, nous prendrons toute disposition utile pour en obtenir la communication. »*

À ce courrier, la société In Extenso fera une lettre (annexe 4, lettre de In Extenso) qui tente de répondre à la « fâcherie » du franchisé. Le moins que l'on puisse dire, c'est que cette réponse ne lève aucune incertitude si l'on en juge par la réponse de la réponse qui vaut pour mise en demeure.

> *« Très clairement, ce que nous subodorions est désormais clair : vous n'êtes absolument pas notre expert-comptable, mais un cabinet d'expertise comptable "aux ordres" de notre franchiseur, ce qui pose un problème à différents niveaux. Nous comprenons mieux pourquoi CPF nous impose à tous de prendre tel ou tel cabinet d'experts "référencé".*
>
> *Quid de la confidentialité des échanges que nous avons avec vous sur nos comptes ? […]*
>
> *Vous concluez avec CPF des accords dans et sur "notre dos". Conclure un contrat sans le principal intéressé à savoir le client payeur, c'est inédit ! […]*
>
> *Nous avons le sentiment que depuis le début de nos relations contractuelles nous surpayons vos prestations et payons* in fine *ce que vous réglez à CPF. […]*
>
> *Vos accords avec Carrefour ont empêché le libre jeu de la concurrence et constituent ni plus ni moins qu'une entente. […]*
>
> *Compte tenu de ce qui précède, il n'est pas question que nous acceptions la mise en place du nouvel accord qui ne nous concerne absolument pas. Nous émettons également les plus expresses réserves sur les prestations que nous vous avons réglées depuis le début de nos relations.*
>
> *Dernier point, le plus important à ce jour, nous vous mettons en demeure de nous communiquer dans un délai de huit jours l'intégralité des accords conclus avec CPF. »*

La réponse d'In Extenso sera une circulaire envoyée à tous les franchisés Carrefour Proximité, qui évite soigneusement de répondre aux accusations de conflit d'intérêts (voir annexes).

Comment un cabinet comptable référencé peut-il exercer son métier dans les règles de l'art alors qu'il a des relations privilégiées avec le franchiseur ? Une totale confusion des genres ! La déontologie et le respect des règles professionnelles de la profession des experts-comptables sont bafoués.

Cela dit – ouvrons une parenthèse –, cette entorse à la règle de l'autonomie de la franchise, Carrefour l'applique dans de multiples domaines. Cette technique du référencement imposé se fait, par exemple, avec les entreprises qui interviennent lors de travaux dans les magasins quand il s'agit de mettre en place les nouveaux concepts, ou pour les systèmes de caisses, ou les loueurs de plieuses de carton, ou les bouteilles de gaz, etc. On pourrait multiplier les exemples à l'envi.

Le franchisé est mis au pied du mur et doit accepter les différentes entreprises de service référencées par Carrefour et chaque fois la prestation lui coûte beaucoup plus cher, le privant de la mise en concurrence.

Bien sûr, toutes ces entreprises payent des commissions à Carrefour et les répercutent sur les franchisés. Nous sommes là encore dans la spirale du gagnant-perdant, chère au nouveau dirigeant. Au prix Interpalier, Carrefour est gagnant à tous les étages !

Le contrat d'approvisionnement

Comme le signalait récemment un article du journal LSA, un fléau commun à toutes les enseignes de la grande distribution se répand sur le marché comme une rumeur qui précéderait l'invasion d'Attila et de ses Huns : celui du taux de rupture[3] des produits de grande consommation. Plus qu'une rumeur, c'est un fait. Depuis les premiers mois de l'année 2023, dans l'ensemble des magasins, ce taux de rupture est de 5 %, soit 0,7 % de plus que l'année dernière à la même période. Un déficit de marchandises qui fait perdre 5 milliards d'euros à l'ensemble des acteurs de la distribution. Un chiffre considérable ! Mais chez Carrefour, ce taux de rupture s'élève en moyenne à 15 % ! Quand on est leader, le mieux c'est de l'être à tous les niveaux !

Sur ce deuxième contrat, là encore, Carrefour n'est pas trop à la peine. Il s'engage à fournir un service logistique performant dont on verra que sa principale qualité est de n'avoir que des défauts. Quant au deuxième volet : proposer des conditions tarifaires compétitives, cela pourrait prêter à rire si le taux du prêt n'était pas aussi élevé, car les conditions sont tout sauf compétitives.

Le franchisé, lui, devra s'approvisionner prioritairement chez Carrefour avec un taux de fidélité établi entre 70 et 75 %. Tout écart à cette règle fera l'objet d'une pénalité : 5 % du chiffre d'affaires.

Plus lourd encore, il devra se porter personnellement caution en cas de litige.

3. Le taux de rupture correspond au pourcentage des produits commandés mais qui ne sont pas livrés aux magasins.

Bien sûr, là encore se trouve une clause d'arbitrage.

- *Service logistique performant* (annexe 5, extrait du contrat type d'approvisionnement)

Voici quatre exemples parmi des centaines d'autres qui illustrent la qualité logistique promise par Carrefour :

> « *Monsieur,*
> *Nous constatons une nouvelle fois qu'au titre des services performants auxquels votre société s'est engagée contractuellement à notre égard, vos services sont totalement défaillants.*
> *En effet, notre livraison du 10/01/2023 s'est révélée défectueuse et nous avons relevé 51 produits cassés ou endommagés impropres à la vente.*
> *Nous formulons les plus expresses réserves sur votre compétence et votre taux de service qui n'est pas à la hauteur de vos obligations.*
> *Ces défaillances engendrent un préjudice pour notre société qui de votre fait voit son chiffre d'affaires amputé de près de 20 %. Un état de fait qui n'est pas sans répercussion sur nos clients qui risquent fort de se détourner de notre magasin au profit de nos concurrents.*
> *Cordialement* »
> D.M.
> C.C. Angers

« Bonjour,
Notre livraison du 28 février 2023 s'est révélée défectueuse, puisque nous avons relevé un taux de 22,89 % de produits manquants sur la totalité des produits que nous avions commandés.
Nous formulons les plus expresses réserves sur votre compétence et votre taux de service qui n'est pas à la hauteur de vos obligations.
Vous trouverez ci-joint la liste de tous les produits manquants ou défectueux.
Ces manquements à vos obligations contractuelles, répétés mois après mois sont préjudiciables à notre qualité de service et nos clients le font savoir.
Bien cordialement. »
Pierre
Ivry

« Messieurs,
Nous constatons une nouvelle fois qu'au titre des services performants auxquels votre société s'est engagée contractuellement à notre égard, votre société est totalement défaillante.
Notre livraison "sec" du 01-03-23 facturée au 02-03-23 s'est révélée défectueuse puisque nous avons relevé 37 produits manquants sur la totalité des produits que nous avions commandés soit un taux de manquants de l'ordre de 17 %.
Ces actions répétées nuisent gravement à la qualité de notre service et risquent de pousser notre clientèle vers la concurrence.

Veuillez agréer, Monsieur, à l'assurance de mes sincères salutations. »
Jean-Paul
Caen

« Cher M. Soury
Je vous écris pour vous dire tout mon mécontentement par rapport à votre outil Let's connect !!
En effet, depuis le début, rien ne va !! Soit le prix annoncé n'est plus d'actualité le moment venu (pellets), soit les quantités réservées ne sont pas honorées (collection septembre 2022 avec olivier tronc lisse diam 30/40 livré en sem 14, réservé 54 livré 42) soit nullement honorés (charbon de bois en 6 kg) qui aurait dû être livré en sem 9, sem 11 et sem 14 (palette de 30 unités à chaque fois !!)
À chaque fois une excuse :
Le pellet : marché compliqué !
Les oliviers ??
Pour le charbon, je m'attends au pire !! Je vous vois bien me répondre que les usines à charbon ont toutes fermé !!
S'il vous plaît, arrêtez votre usine à gaz !!
Par ce courrier, je vous demande d'annuler toutes mes réservations de charbon pour la saison à venir !! Je continuerai à commander mon charbon comme les autres années (c'est-à-dire à la semaine, voire en direct) !! Car pour ce week-end de Pâques, qui est ensoleillé, je me retrouve sans marchandises pour agrémenter les grillades de ma clientèle !!

Je suis désolé une fois de plus de vous écrire cela, mais sur cette région, rien n'avance, je dirais même que nous reculons de jour en jour!! Vous avez pu écouter les doléances des franchisés lors de votre passage en Bretagne tout récemment!! »
Christian, Paimpol

Non seulement les problèmes d'approvisionnement sont récurrents, mais la marchandise non livrée est facturée et prélevée sur le compte des franchisés. De plus, le processus de remboursement est tellement kafkaïen que la victime d'une logistique défaillante renonce bien souvent à réclamer son dû.

La lettre de réclamation suivante en est un triste exemple parmi tant d'autres :

« *Objet : Défaillance CSF*

Bonjour Madame, Monsieur,
Défaillance et facturation abusive CSF :
Je me permets de vous écrire, une fois de plus, afin de vous démontrer que CSF ne respecte pas ses engagements contractuels et surtout, comme vous pourrez le constater avec les éléments joints, que CSF est de mauvaise foi face à son client.
Les trois dernières réclamations ont un point commun. Elles ont toutes sans aucune exception été refusées. Cela sans aucune explication, preuve ou élément qui pourraient justifier ce refus.
Dans les deux premiers cas, le refus a été immédiat. Pour la troisième, il a fallu un peu plus de temps, mais

pour le même résultat, alors que nous avions retourné la marchandise en respectant le process établi par le fournisseur CSF. Mais bizarrement le retour n'a pas été retrouvé.

Pour avoir gain de cause, il faut passer par le conseiller de franchise et par la responsable "Supply Chain Régional". *Pourquoi ?*

Les procédures que vous m'imposez sont respectées, les délais sont respectés, les produits sont renvoyés avec le bon de retour que vous m'avez communiqué, les documents sont signés et contrôlés par le client et le transporteur… donc pourquoi essuyé-je des refus systématiques ?

Pourriez-vous m'expliquer pourquoi vous me refusez des remboursements qui ont suivi le process classique ? Les éléments joints démontrent très clairement le blocage systématique de mes demandes sans qu'en amont vous ayez effectué le moindre contrôle. Votre système est bien rodé, lourd et fastidieux. Il fonctionne à merveille afin que votre client soit épuisé par sa lourdeur.

Vos défaillances quotidiennes, vos manquants facturés, la marchandise détériorée de plus en plus fréquente m'imposent de faire des réclamations quotidiennes et un suivi. Cela est très chronophage et me prend un temps considérable au quotidien.

À l'inverse, cela vous octroie un joli bonus de marge au-delà de votre marge déjà très confortable. Tout cela grâce à vos prix de cession non compétitifs.

Je n'oublie pas non plus la facturation des emballages qui elle aussi est bien dirigée pour maximiser vos profits sur le dos des franchisés. Les erreurs sur factures sont quasi quotidiennes, les mails pour nous indiquer des boulettes sont fréquents (cf. pièces jointes). Encore un moyen très efficace de me noyer dans un suivi lourd et contraignant.

Pour terminer, je vous rappelle que vous m'avez facturé 2 401,70 € d'emballages en fin d'année 2022. Tout cela sans aucun justificatif, éléments concrets démontrant le bien-fondé de cette facturation. Malgré mes mails, courriers ou échanges avec mon conseiller de franchise ou mon directeur d'enseigne, il ne se passe rien. Vous avez spolié cette somme de mon compte bancaire. Encore une belle preuve d'efficacité pour maximiser vos profits au détriment du service client.

Dans l'attente de vous lire, veuillez agréer, Madame, Monsieur, l'expression de mes sincères salutations. »

Adrien

Fréjus

Un chargeur mal approvisionné ne tire jamais bien longtemps.

Si tout ne manque pas, rien ne manque !

Hormis une forme d'incompétence liée à de très gros problèmes de logistique chez Carrefour, il y a en interne une véritable politique volontariste pour ne pas rembourser les partenaires de la marchandise qu'ils n'ont pas reçue. Il faut bien avoir en tête que les manquants sont facturés et prélevés sur les comptes des franchisés. Si ces derniers veulent en obtenir le remboursement, le coup de fil à l'ancienne accompagné du bordereau prouvant la carence ne suffit plus. Nous sommes passés dans un autre monde, une ère nouvelle, celle de la modernité pour les pervers, de Kafka pour les poètes. C'est à un véritable parcours du combattant que ces soldats malgré eux vont être confrontés, chronophage à souhait. Pourtant, *Big Brother* a songé à tout et notamment à un outil informatique remarquable censé faire gagner du temps et de l'argent. En effet, le franchisé perd son temps et Carrefour gagne de l'argent. Après avoir signalé ce qu'on appelle un « incident Carla » sur le logiciel, l'avoir poliment souligné, rempli le formulaire, décrit le problème, il ne reste plus qu'à attendre le remboursement. Hélas! dans de très nombreux cas, l'argent n'arrive jamais et les constats d'huissier pleuvent comme lors d'un printemps basque.

> « *Monsieur je vous adresse le tableau récapitulatif par journée, sur mars 2023, sachant que sur 5 990,13 euros HT de marchandises manquantes facturées, CRF me rembourse seulement 280,46 euros HT, il manque donc 5 709,67 euros HT à me rembourser sur ce mois.* »
> Michel. C.
> Carrefour City

> « *Madame, monsieur,*
> *Vous trouverez ci-joint les manquants pour la période du mois d'avril 2023 Sur le tableau récapitulatif, sur la période du mois d'avril, sur 4 672,75 euros HT, CRF me rembourse 601,98 euros HT, il manque donc, à me rembourser sur avril, 4 070,77 euros HT.* »
> Jeanne M.
> Carrefour City

Là encore, ce sont des témoignages en masse qui affluent.

Dans une fourchette basse, si l'on se prête à un petit calcul, en retenant par victime un montant de manquants payés par le franchisé, et non remboursés par Carrefour, de 2000 euros par mois et que l'on multiplie ce chiffre par le nombre de franchisés que Carrefour possède en France (environ 4800), on parvient à la somme, dite coquette, de 9,6 millions euros par mois, soit, sur une année, un peu plus de 115 millions d'euros !

Ajoutons que la plupart des franchisés n'activent pas la procédure d'incident Carla, écœurés par la lourdeur et l'inefficacité de l'opération.

Certains appelleraient cela un véritable trésor de guerre acquis sur la faiblesse de l'ennemi. Contractuellement pourtant, Carrefour est tenu d'assurer un service logistique performant.

Si les militaires ont de la chair à canon, Carrefour use de la chair à pognon !

- *Conditions tarifaires compétitives (annexe 5, extrait du contrat type d'approvisionnement)*

Quant à l'obligation pour Carrefour de proposer des conditions tarifaires compétitives, le témoignage de Jean-Luc, gérant d'un Carrefour City du sud de la France, montre à quel point, pour l'enseigne, le franchisé est un partenaire à la petite semaine, corvéable à merci – un petit dessin valant mieux qu'un long discours au même titre qu'un petit exemple est plus clair qu'un grand développement :

« Monsieur,
Au terme du contrat d'approvisionnement que nous avons été contraints de signer avec votre société CSF (pur contrat d'adhésion dans lequel nous n'avons pu négocier aucun terme), vous vous êtes engagés à nous assurer des conditions tarifaires compétitives.
Nous constatons qu'il n'en est rien.
Par curiosité, nous sommes allés faire quelques achats dans des magasins du groupe (Market ou hyper) et nous avons constaté que les prix de vente client TTC proposés dans ces magasins étaient nettement plus avantageux que les prix d'achat hors taxe que vous nous imposez dans le cadre des achats obligatoires que nous faisons auprès de vos entrepôts.
Nous avons acheté un pot de confiture "Bonne maman" à 1,25 TTC dans un hypermarché Carrefour… La centrale nous le vend 1,33 HT avec obligation de le vendre !
Nous nous sommes alors renseignés auprès d'anciens gérants passés (avec difficulté) à la concurrence et le bilan est sans équivoque :
Nous achetons en moyenne 20 % plus cher les mêmes produits sur vos entrepôts que si nous les achetions sur des entrepôts concurrents.
Comment cela est-il possible ?
Vous nous devez contractuellement des conditions tarifaires compétitives.
Comment voulez-vous que nous soyons attractifs pour nos clients ?
Nous attendons des réponses claires. »
Jean-Luc, Nice

« Messieurs !!
Après deux mois de commande de granulés de bois qui étaient manquants à chaque livraison malgré des réservations émises via votre application Let's connect, je pose la question à un chauffeur Carrefour la semaine précédente, pour savoir s'il lui arrive de livrer des granulés de bois dans ses camions !! Eh bien oui !! "J'en ai encore livré à un Carrefour Market et le Carrefour Contact de Bourbriac n'en veut plus car il ne sait plus où le mettre car le prix est hors marché !!"
Suite à cette conversation, j'appelle le service client qui prend note et je suis livré de 2 palettes trois jours plus tard !! Pourquoi faut-il appeler pour se faire livrer un produit que l'on a réservé il y a 10 mois !!
Quel fut mon mécontentement ce jeudi 24 novembre 2022 lorsque j'ai reçu ma livraison tant espérée de mon granulé de bois !! Il n'a pas fallu attendre longtemps pour constater que j'étais totalement incohérent en termes de PV, 2 clients m'ont traité de voleur !!!
Ma première réaction fut d'aller contrôler les prix de vente de mes voisins pour savoir si j'étais dans le marché ou si mes clients avaient raison !! Stupeur !
Leclerc vend à 8,90 TTC, Intermarché 9,90 TTC et Leroy Merlin 8,90 TTC.
QUE DOIS-JE LEUR RÉPONDRE ???
Carrefour étant un petit groupe de magasins ne peut rivaliser avec ses concurrents car trop petit (vous voyez mon ridicule n'est pas plausible) !!
L'acheteur est en apprentissage et il a acheté hors prix du marché (on n'y croit toujours pas), vu la grandeur passée de ce groupe qui autrefois était le 2e distributeur

mondial et qui avait un quart d'heure d'avance (que c'est loin tout cela) !
Carrefour surfacture ses petits franchisés (appelés également vaches à lait) dans votre tour d'ivoire !! Là, on commence à se rapprocher de la vérité !!!
Les actionnaires ont besoin de résultats car certains ont acheté l'action à 80 euros (aux heures de gloire) et aujourd'hui elle est à 16 euros (les pauvres) ! Encore une fois je pense toucher au but !!
J'espère que vous comprenez mon écœurement, c'est double peine ! Impossibilité de m'approvisionner ailleurs (cela fait trois mois que j'ai toutes les semaines des pellets à 8,00 € HT mais en camion complet, or je n'ai plus de place pour stocker) sous peine de perdre mes ristournes, sans compter ma clientèle qui me traite de voleur !!! Vous comprenez que je ne peux pas me laisser traiter de voleur, et perdre tout le fruit de mon travail !
Il n'y a que 2 solutions !!!!
Soit, vous me reprenez ces palettes et vous bloquez les autres qui doivent arriver ensuite !!
Soit, vous me faites un avoir pour que je puisse m'aligner sur mes concurrents pour ne pas dégrader plus mon image prix !!
Si vous ne pouvez pas faire ce geste commercial, je serai obligé de refuser mes autres livraisons de pellets et d'aller m'approvisionner chez Leclerc pour satisfaire ma clientèle !! J'espère de tout cœur que nous allons trouver une solution car il est étrange de parler de son partenaire comme d'un voleur ou d'un escroc !!
Cordialement !! »
Lucas, Brest

« Bonjour,
Je vous alerte sur ce point depuis des mois.
Nous avons un problème important avec la rentabilité laissée par votre groupe à vos franchisés. Ceci nous vous le rapportons depuis des mois sans aucune action concrète de votre part.

Je suis approchée par un "petit", je dirais même un "tout petit" fournisseur à l'échelle de notre groupe. Un pauvre brasseur du secteur dont je vais garder l'anonymat pour protéger notre business.

Vous trouverez bien sûr en pièce jointe les éléments permettant d'argumenter mes propos. J'ai beaucoup de mal à comprendre comment mon fournisseur arrive à me servir un prix de cession 15 % moins cher sur du COCA COLA 175 CL… une différence de 0,23 € par bouteille à l'achat ! Du COCA français, pas estampillé ou avec étiquette étrangère !

Bref la liste est longue, j'ai pris sept produits en comparatif, mais vous pourrez vous amuser à vérifier tous les prix d'achat de ma facture, versus vos prix de cession d'entrepôts… le verdict est que j'achète moins cher chez mon "petit brasseur", qui lui aussi me livre directement au magasin ! (n'essayez pas d'avancer des coûts logistiques…) Et je pense que mon fournisseur lui aussi a pris une marge sur les produits avant de me les vendre.

Dans mon contrat de franchise, votre groupe ne s'engage pas à grand-chose, les obligations sont beaucoup plus importantes pour vos franchisés que pour notre "cher" franchiseur, mais vous vous engagez à nous vendre des produits via votre centrale à des "prix compétitifs".

Voici la définition de compétitif :

1. Qui est susceptible, grâce à ses qualités, à ses caractéristiques, de supporter la concurrence : Sortir un produit compétitif.
2. Qui offre ses produits à un prix tel qu'ils peuvent faire concurrence aux autres produits similaires sur le marché.

En réalité, votre groupe pratique tout l'inverse, une nouvelle fois vous démontrez que vos profits et objectifs priment sur l'intérêt de nos sociétés. Société dans laquelle vous êtes associé, et dont vous devez aussi porter le développement.

Nos rentabilités sont réduites à "peau de chagrin" : MOINS DE 1 % de notre CA, cela a un impact direct sur nos conditions de travail, celles de nos collaborateurs, sur la possibilité pour mon entreprise de "porter" sereinement ses investissements. Votre système est verrouillé sur tous les points de façon à nous tenir, nous n'avons plus aucune marge de manœuvre sur le pilotage de notre société.

Aujourd'hui, je porte seule les responsabilités d'un chef d'entreprise, entreprise dans laquelle je n'ai plus aucun champ d'action possible. Vous maîtrisez nos prix d'achat, vous contrôlez nos prix de vente, ma rentabilité est conditionnée à une ristourne pour "fidélité entrepôts" (entrepôts qui me doit des prix compétitifs et qui en réalité se "graisse" sur mon dos à chaque commande).

Il est urgent que vous rétablissiez un modèle économique rentable et profitable pour nos entreprises.
Bonne réception. »
Juliette, Dunkerque

• « *Critiseur* », on vous écoute…

Les franchisés ne sont pas les seuls à se plaindre. Les clients aussi y vont de leur mouvement d'humeur. En 2019, Carrefour a mis à la disposition de ses chalands une application spécialisée dans l'écoute client afin d'optimiser l'expérience des consommateurs. Dans chaque point de vente, tout client peut scanner le QR code de l'application « Critizr » (prononcer critiseur).

> *« Chez Carrefour City, prix trop élevés par rapport aux hypers. C'est malhonnête de m'abuser sur les prix. De plus, les produits manquants ne sont souvent pas remplacés. »*
> *« Bonjour, magasin très cher pour des couches-culottes. 24 euros au lieu de 19 euros chez la concurrence… Je trouve ça trop cher. »*

« Très joli magasin, mais la fraîcheur des fruits et légumes laisse à désirer. Navets mous, poivrons pourris, etc. »

Quand les planètes s'alignent…
Revenons à un franchisé en pleine euphorie :

« Objet : Interrogation sur la politique commerciale de CPF

Bonjour Madame,
Les mois passent, et je vous interroge sur le fait que lors de la signature de mon contrat de franchise "Carrefour City", vous m'avez imposé un contrat d'approvisionnement auprès de CSF.
Pour mémoire, je vous ai écrit ainsi que mon conseil une douzaine de fois sur les sujets suivants :
La mauvaise qualité d'approvisionnements de CSF, les retards logistiques, la politique tarifaire, le non-versement de mes produits accessoires suite à mes travaux et votre management exclusivement descendant qui me réduit à un simple salarié alors que j'occupe le statut de "gérant" avec toutes les responsabilités qui incombent à cette fonction.
Bien évidemment, tous mes courriers sont restés sans aucune réponse. Cela démontre bien la considération que vous me portez en tant que franchisé indépendant au sein de votre réseau.
"Tais-toi et applique ce que l'on t'impose !!!"
Certains prix de vente clients chez "MARKET" sont moins élevés que le prix de cession CSF (Carrefour) pour mes achats.

Je n'ai pas listé toutes les références, mais le constat est affligeant. Comment expliquez-vous cela ?
Il est inutile de me parler de frais de logistique. Nos magasins sont dans la même zone et avec des accès similaires.
Sauf erreur de ma part, dans mes avant-contrats de franchise, vous indiquez que ce MARKET est l'un de mes concurrents. En tant que partenaire, je ne comprends pas que vous pratiquiez des prix de cession plus avantageux à ce magasin. Peut-être parce qu'il vous appartient ?
Cela ne peut plus durer. Je vous demande d'appliquer les mêmes prix de cession que mon concurrent de la même enseigne immédiatement. C'est de la concurrence déloyale. »
Bertrand
Mondeville

Ces courriers de réclamation envoyés par les franchisés à leur franchiseur se comptent par milliers, qui rendent compte des vices de forme qui sont légion, des manquements aux règles contractuelles sans fin, des injonctions frôlant l'illégalité, accompagnées de brimades, d'humiliations, voire de menaces.

• *Nul n'est censé ignorer la loi…*

Les rebuffades ou les menaces sont bien souvent orales, prudentes, des mots gravés dans le marbre. L'écrit laisse la place à plus de nuances, à plus de rondeurs, mais également à beaucoup de cynisme ou de « je-m'en-foutisme ».

À la lettre, que nous qualifierons d'agacée, des époux Filare, gérants d'un Carrefour Contact du nord de la France, à leur responsable de franchise, nous faisons suivre la réponse de l'enseigne. Réponse qui est aux petits oignons. Gageons que Carrefour a obtenu une marge confortable sur son fournisseur d'oignons.

> *« Madame, Monsieur,*
> *Nous constatons une nouvelle fois qu'au titre des services performants auxquels votre société s'est engagée contractuellement à notre égard, votre société est totalement défaillante.*
> *Notre livraison du 02/01/2023 s'est révélée défectueuse puisque nous avons relevé 15 produits manquants sur la totalité des produits que nous avions commandés, soit un taux de manquants[4] de l'ordre de 11 %.*
> *Nous formulons les plus expresses réserves sur votre défaillance et votre taux de service qui n'est pas à la hauteur de vos obligations.*
> *Ces défaillances engendrent un préjudice pour notre société qui de votre fait voit son chiffre d'affaires amputé et qui n'est pas sans répercussion sur nos clients qui face aux manquants risquent fort de se détourner de notre magasin au profit de nos concurrents.*
> *Cordialement »*
> M.C. et D. Filare
> Carrefour Contact

4. Produits commandés mais non livrés.

Voici la réponse du responsable franchise :

> *« Madame, monsieur,*
> *[...] Pour revenir aux manquants livraisons, le sujet a longuement été évoqué lors des derniers comités d'échange.*
> *Nous en avons expliqué les raisons telles que : les négociations en cours, la fermeture partielle de lignes de production, les manques de matières premières, le manque de main-d'œuvre chez les fournisseurs, le climat, etc.*
> *Le contexte actuel est très compliqué comme vous pouvez aussi l'entendre et le lire dans les médias, exemple : en ce moment William Saurin qui suspend son activité.*
> *Vous avez différents outils et personnes à disposition pour comprendre les ruptures et essayer de les pallier.*
> *L'info commerciale envoyée chaque semaine dans la* Gazette du franchiseur, *qui vous explique les ruptures, le plan d'action et une proposition de substitution quand cela est possible.*
> *Le cadencier dynamique, qui vous indique la disponibilité entrepôt.*
> *Le service client qui est à votre écoute et qui peut vous donner une réponse.*
> *Moi-même qui peux aussi vous donner du sens et une perspective de retour s'il y a lieu. »*

On notera la réponse habile du conseilleur (qui n'est pas le payeur) qui convoque aussi bien le mauvais temps que les aléas du chômage pour justifier les problèmes de livraison. À aucun moment la responsabilité d'une logistique défaillante n'est évoquée. Les plaintes sur le sujet sont quotidiennes et pléthoriques, mais c'est la faute de William Saurin qui a fait faillite.

Bien sûr, comme le cadre de Carrefour l'affirme entre les lignes sans subtilité excessive, « nul n'est censé ignorer la loi », mais nous ajouterons comme l'écrivait si bien avec une certaine goguenardise l'écrivain Jules Renard : « Il y a plus de deux cent mille lois. »

Pourquoi aujourd'hui, un Spartacus, commandant à la mutinerie des esclaves romains, ne se soulève-t-il pas pour prendre le contrôle d'une révolte légitime au sein de la franchise ? Peut-être parce que les menottes ne sont pas qu'aux poignets, mais également aux pieds !

Le contrat de gérance

Le contrat de gérance est un contrat de loueur de fonds de commerce. Sa durée est d'une année avec renouvellement tacite. Il engage le franchisé à exploiter le fonds de commerce sous l'enseigne Carrefour, à l'exclusion de tout autre. « Il doit y consacrer tout son temps et ses soins. » Le contractant s'interdit d'embaucher un membre de sa famille.

Comme l'avait joliment écrit Albert Camus, « un homme ça s'empêche[5] ». Le franchisé est logé à la même enseigne… si je puis dire.

L'alinéa 9 du contrat vaut son pesant d'or, mais n'en fait pas pour autant une pépite pour le contractant :

5. Albert CAMUS, *Le Premier Homme*, Folio, 2016.

Clause de non-concurrence (extrait)

« À l'expiration du présent contrat de location-gérance, Le PRENEUR, et le représentant légal du PRENEUR en son nom personnel, s'interdisent formellement d'exploiter ou de faire valoir un fonds de commerce de la nature de celui qui est présentement loué, ni de s'intéresser directement ou indirectement, même en tant que simple salarié, dans l'exploitation d'un semblable fonds, pendant un délai de cinq (5) années à compter de la résiliation du contrat de location-gérance et ce dans un rayon de :

– Cinq (5) kilomètres à vol d'oiseau autour du fonds de commerce en milieu urbain.

– Quinze (15) kilomètres à vol d'oiseau autour du fonds de commerce en milieu rural. »

Il faut ajouter à cette clause altruiste que seul le bailleur peut résilier le contrat. On notera aussi qu'en cas de problème, le franchisé a tout intérêt à changer de métier, de secteur de métier, de lieu de vie, voire de vie tout simplement.

Comme on peut le lire dans cet extrait de contrat, le bouchon du cynisme est poussé loin dans la bouteille du preneur. On arguera de la distance à vol d'oiseau qui est pour le chaland, on le sait, le chemin le plus court pour aller d'un Carrefour à un Leclerc ! À quand le calcul des indemnités kilométriques pour les représentants de commerce basé sur le vol des pigeons voyageurs ?

Nous préciserons que dans le document d'information précontractuel (DIP) vu plus haut, il n'est pas fait mention de ce contrat de gérance. Le gérant-locataire est donc déjà trompé dès la première signature.

Il arrive, rarement, hélas ! que le pigeon ne soit pas que voyageur, mais parfois aussi combattant. Ce fut le cas d'un gérant de Carrefour Proximité en Normandie qui entama récemment une procédure qui allait mettre en lumière le « système complexe de plusieurs contrats indépendants » qui ne peuvent que plonger le contractant dans un piège inextricable.

> Extrait d'un jugement rendu par la troisième chambre du tribunal de Caen, le 25/01/2023.
>
> *Sur la violation du devoir d'information de l'article 330-3 du Code du commerce.*
> *« Le tribunal constate que les conventions liant Carrefour à ses franchisés sont un système complexe de contrats indépendants qui produisent à terme des effets rigoureusement impossibles à mesurer lors de la signature des premiers documents. [...]*
> *Le contrat a donc été conclu sur une fausse conviction, la violation du devoir d'information a donc a minima le caractère d'une réticence dolosive qui a provoqué le vice du consentement. Mais le tribunal constate de surcroît que l'intention de tromper est amplement prouvée, non seulement par l'absence au contrat de l'information qui aurait dû conditionner la décision de contracter, mais aussi par l'évidente mauvaise foi consistant à assurer d'une possibilité de sortie du contrat quand la signature des conditions particulières l'interdit de fait.*
> *Les informations précontractuelles ne sont ni exhaustives, ni exactes, ni surtout honnêtement rédigées.*

> *Seul un conseil professionnel particulièrement avisé aurait pu détecter les conséquences de l'articulation des contrats entre eux, étant entendu qu'il aurait en plus fallu être en capacité de mesurer les conséquences de la politique commerciale déséquilibrée et inégalitaire de Carrefour sur l'application des contrats, chose impossible, car n'étant pas de notoriété publique à l'époque des signatures.*
> *L'attitude de la société SELIMA (Carrefour) peut donc être qualifiée de manœuvre intentionnelle. […]*
> *Le tribunal condamne la société SELIMA à payer à la société X la somme de 50 000 euros pour procédure abusive*[6]. »

• *Tous les chemins ne mènent pas à Rome*

Mais avant que les ennuis ne commencent, il y a les ambitions à accomplir, les paris à gagner, les poches à remplir, les prêts à rembourser. Contrats signés, de la force dans les bras pour relever tous les défis, l'énergie déployée au maximum, des idées plein la tête, le franchisé est prêt pour l'aventure Carrefour. Il y aura deux chemins possibles : celui du podium et celui de la fosse.

Dans le prévisionnel proposé par Carrefour, comme on l'a vu plus haut, le nouveau locataire-gérant peut espérer, quelle que soit la taille de son magasin, dégager entre 20 et 30 000 euros de résultat net par an, mais pas plus. La fameuse triangulaire des contrats de location-gérance, franchise et approvisionnement, est conçue dans cette unique

6. Carrefour a relevé appel de ce jugement devant la cour d'appel de Caen.

optique. Le franchisé peut gagner, mais pas trop. Et si, par miracle, le locataire gérant au prix d'efforts démesurés parvient à capitaliser plus que ce que le groupe Carrefour avait prévu, eh bien, qu'à cela ne tienne, Carrefour, au terme de la première année de location gérance, augmentera en conséquence la redevance de location gérance. Et si le locataire n'est pas content, la solution est toute trouvée, il dégage sous un préavis de trois mois. N'oublions pas qu'une vache à lait est faite pour donner du lait... beaucoup et longtemps. Un ruminant qui veut quitter la ferme, ce n'est jamais bon pour le fermier.

• *Le podium gagnant*

Dans une première hypothèse, le franchisé a réussi à capitaliser les 100 000 euros inscrits dans le prévisionnel. Hourra ! On lui propose alors un magasin à acheter. De préférence un autre que le sien et si possible en mauvais état. Non pas dans le but de démotiver les troupes, mais parce que l'immense majorité des magasins en franchise, ne pouvant être « restaurés » par les gérants, pourront l'être par le nouveau propriétaire. Il s'agit de faire d'une pierre, deux coups.

Pour enrichir le propos qui appauvrit la victime, reprenons le témoignage de Martine de Lagneux qui avait signé trop vite sur un coin de table :

> « *"L'occasion à ne pas manquer" s'avère être un véritable taudis, une ruine. Le local dans lequel le fonds est exploité connaît différents problèmes de sécurité importants, portant notamment sur le réseau électrique,*

mais également sur la stabilité et la salubrité du local. Nous avons avisé à plusieurs reprises le loueur de ces éléments, car cela impactait notre activité, mais aucune solution concrète ne nous a été apportée, ni proposée pour pallier ces défauts, dont certains sont majeurs.
On m'explique que l'ancien gérant n'était pas à la hauteur, mais que des travaux de rénovation sont prévus très prochainement. Le principal est que le magasin a un très fort potentiel (seule chose exacte qu'on nous ait dite en cinq ans). Les travaux, eux, ne verront jamais le jour.
Très vite, le rêve se transforme en cauchemar. »

L'exemple de Martine n'est hélas ! pas un cas isolé, car plus de 60 % des magasins proposés sont vétustes, les gérants précédents, écrasés par les diverses charges, étant dans l'incapacité d'entretenir le lieu. Contractuellement, les travaux sont à la charge de Carrefour qui n'est jamais disposé à « cramer du cash » pour un établissement qui passera prochainement aux mains d'un nouveau postulant ou d'une nouvelle victime, c'est selon.

Le processus est souvent le même : Carrefour attend le passage d'une commission de sécurité qui ordonne une fermeture contre une liste de travaux à réaliser. Les rénovations sont alors faites *a minima* pour que le magasin ne ferme pas.

- *Empruntez ! Les taux se resserrent !*

Dans une option moyenne, le magasin à racheter coûte environ 600 000 euros, mais le franchisé ne possède, on l'a vu, qu'un apport de 100 000 euros. Bien sûr, Carrefour est là pour aider son partenaire, l'oriente vers une banque « amicale » et propose d'entrer au capital de la SARL. C'est une caution en or pour le banquier qui ouvre les vannes sans hésiter.

Mais n'omettons pas un détail qui a son importance : l'entrée au capital se fait à hauteur de 26 % (qui est la participation minoritaire bloquante)... On peut également appeler ça, la souricière. Nous y reviendrons.

• *La fosse*

Dans le second cas de figure, le franchisé n'a pas réussi à capitaliser dans les trois ans et c'est la réalité dans 80 % des cas. On va alors lui proposer un autre magasin. On laisse bien sûr entendre que la compétence du gérant est le principal problème, mais Carrefour n'abandonne pas ses partenaires dans l'ornière d'un chemin creux. En réalité, le franchisé n'a plus le choix. Tout retour en arrière est impossible, car les dettes se sont accumulées notamment en matière d'achat de stock. Les impayés marchandises, selon la taille du magasin, peuvent aller de 100 000 euros à plusieurs millions d'euros. Une paille... qui ne pourra jamais vider le verre !

Ce petit « jeu » de l'essorage peut durer des années jusqu'à l'effondrement final.

Le témoignage suivant est un résumé parfait de l'étrillage en règle qui est mené en parfaite connaissance de cause sur les franchisés. Même dans un cas où les candidats sont parfaits, où les enjeux sont respectés et où les chiffres sont tenus, le système en place va briser les plus capables, même les plus endurants. Silence, on tue !

« Monsieur,
Je vous écris au sujet de la relation commerciale que nous avons entretenue entre 2012 et 2020.
Durant cette période, mon conjoint et moi avons exploité divers magasins à enseigne Carrefour, un Express, un Bio, et deux City.
Nous avons tout de suite fait nos preuves. Notre gestion était impeccable et il ne nous fut jamais rien reproché à cet égard.

1. Carrefour Express, 39 boulevard Voltaire, 75011 PARIS
Ce magasin nous a été proposé alors que nous étions en formation à Rueil-Malmaison, en février 2013.
Nous avons rencontré Alice Pioncha, directrice d'enseigne Carrefour Express, sur le site de formation, qui nous a présenté les chiffres prévisionnels de ce point de vente qui était une création.
Nous avons été obligés de venir dans l'urgence deux jours avant l'ouverture du magasin, pour signer tous les contrats au siège de Carrefour Proximité. Au vu de la montagne de documents et de contrats qu'il fallait parapher, il nous a été impossible de lire ce que nous signions. Et nous n'avions pas d'autres choix que de signer sur le moment, aucune possibilité de prendre les documents pour les lire à tête reposée et les signer quelques jours plus tard. On nous a demandé de ne pas dater les documents.
Nous avons ouvert le magasin le 6 mars 2013 et sommes rapidement devenus un magasin vitrine, recevant toutes les visites officielles de Carrefour pour

présenter leur concept à l'étranger ou même au sein du groupe France. Nous avons toujours reçu les félicitations pour notre gestion, comme pour notre tenue du magasin, toujours très propre. Et nous recevions également en formation les futurs locataires-gérants, pour les former et leur montrer nos compétences et comment tenir un magasin.

Nous entretenions de bonnes relations avec Louise, notre conseillère de franchise, et également Alice, la directrice d'enseigne.

Nous étions donc "en confiance" lorsqu'elles nous ont parlé, fin février 2014, de reprendre le premier Carrefour Bio, afin de le passer en location-gérance, car il était en direction salariée. Nous avons accepté.

2. Carrefour Bio, situé 29 boulevard Diderot, 75012 Paris

Nous avons quitté le Carrefour Express mi-avril 2014 pour reprendre ce Carrefour Bio en location-gérance sur la foi de ce que cela devait être un tremplin vers l'exploitation d'un Carrefour City à court terme.

En effet, nous souhaitions en priorité exploiter un magasin sous enseigne Carrefour City, dont le concept nous semblait plus porteur que celui du Carrefour Bio. Nous n'avons pas eu de visite ni de présentation officielle du magasin. C'est nous seuls qui avons pris l'initiative d'aller le voir avant de prendre notre décision, et les contrats ont été signés après la date de prise du magasin soit début mai 2014. Nous précisons qu'aucune date ne devait être renseignée lors de la

signature des contrats. La date de signature fut rajoutée après et donc antidatée.
C'est donc dans la même urgence que nous nous déplaçons au siège de Carrefour proximité afin de signer rapidement, toujours sans aucune possibilité de lire un document au préalable.
L'exploitation de ce magasin a été très difficile, car, contrairement aux assurances de Carrefour avant la signature des contrats, le directeur de magasin et son adjointe devaient rester dans les effectifs. Nous savions qu'une telle situation était un nid à problèmes et avions demandé à Carrefour de s'assurer que cela ne serait pas le cas. Puis nous avons été mis devant le fait accompli et, effectivement, nous avons eu de très nombreuses difficultés avec le personnel du magasin. À cela se sont ajoutées de grosses difficultés logistiques. En effet, le concept de Carrefour Bio était tout nouveau, et pas encore bien en place. Nous avons rencontré de très nombreux problèmes de marchandises, d'organisation avec les entrepôts, etc.
Mais à nouveau, nous avons su montrer notre efficacité, notre professionnalisme et notre persévérance. Nous avons tiré le magasin vers le haut et réduit la masse salariale.
Nous avons tout simplement atteint assez rapidement un bon rythme de croisière malgré toutes les difficultés persistantes.
Par la suite, nous avons reçu deux propositions d'investissement dans des magasins sous enseigne Carrefour City, mais aucune de ces offres n'était sérieuse et toutes étaient totalement à l'opposé de nos envies. Nous ne pouvions que les refuser.

Finalement, en mars 2017, Carrefour a mis un terme à notre contrat de location-gérance sans motif. À l'évidence, nous avons été évincés pour faire basculer le magasin dans le régime normal de la location-gérance et ainsi facturer à notre successeur un loyer de fonds de commerce deux fois plus élevé que celui qui était prévu dans notre convention-test.

3. Carrefour City Grenelle
En juin 2017, alors que notre contrat était terminé, Carrefour nous a recontactés pour nous présenter le magasin Carrefour City Grenelle, situé à Paris 15, qui nous a été présenté comme une merveille, tout proche de la tour Eiffel et des quartiers touristiques.
C'était en fait un ancien magasin Dia, que Carrefour venait de racheter, point sur lequel Carrefour est resté totalement silencieux, et pour cause.
Impressionnés par la présentation faite par l'enseigne de cette opportunité, nous avons accepté de le prendre en location-gérance. Il y avait une masse salariale trop importante, que nous avons dû épurer, ce qui prend un certain temps et qui in fine *arrangeait bien notre franchiseur puisque nous nous sommes retrouvés "à faire le sale boulot".*
À nouveau, une partie des documents ont été signés rapidement, le 30 juin 2017 aux Ulis, au siège de Carrefour Proximité, aucune possibilité de lire les documents, car apposer simplement les signatures et les paraphes nous a pris 2 h 30. Une fois encore, on nous demande de ne pas indiquer de dates.

La prise de magasin se passe assez bien, on arrive très vite à épurer la masse salariale, on prend rapidement nos marques avec le concept Carrefour City.
Notre conseiller de franchise était Khaled, que nous connaissions déjà, car il était auparavant conseiller de franchise pour le format Express, nous étions donc en confiance et les relations étaient cordiales et semblaient bienveillantes.
Le directeur d'enseigne était Patrick, avec lequel nous avons eu très peu de contacts. Nous n'avons d'ailleurs pas senti qu'il nous portait un réel intérêt.
Puis Carrefour nous a annoncé des travaux en novembre 2017 pour "mise à jour du concept". À cette occasion, l'enseigne nous a annoncé une importante augmentation du loyer, qui devait – selon Carrefour – être absorbée par la hausse des résultats engendrée par les travaux. Nous étions très sceptiques, d'autant que la surface de vente serait réduite après les aménagements, mais nous n'avions pas le choix.
Cette augmentation du loyer a amorcé pour nous une véritable descente aux enfers.
Dès la réouverture après les travaux, nous avons constaté que la hausse du loyer était bien trop élevée par rapport à notre chiffre d'affaires. Nous avons immédiatement alerté le conseiller de franchise, qui nous a simplement dit de ne pas nous inquiéter (!).
Nous avons fini par arrêter de payer les loyers, pour ne pas voir les économies durement gagnées lors de l'exploitation du Carrefour Bio être accaparées par Carrefour par le biais d'un loyer excessif pour le fonds de commerce que nous exploitions alors.

Nous avons sollicité à plusieurs reprises le directeur d'enseigne pour trouver une solution à la situation, mais celui-ci a attendu la veille de mon accouchement, en juin 2018, pour finalement nous répondre.
Lors de cet entretien, il nous a assurés que notre dette serait totalement effacée et que nous n'avions pas à nous inquiéter. Nous avons demandé une trace écrite, qui nous a été promise, mais n'a jamais été reçue.
Une autre réunion "plus officielle" a ensuite eu lieu en septembre 2018, avec le directeur d'enseigne et le contrôleur de gestion de Carrefour. Au cours de cette réunion, j'ai été victime de harcèlement et de pression pour accepter de régler les impayés de loyer. Je suis sortie en pleurs de cet entretien.
On nous "trouve une solution" pour sortir de ce gouffre et on nous propose un autre Carrefour City.
Pris dans une impasse, nous n'avions pas vraiment d'autre choix que d'accepter cette proposition qui était mieux que rien. De plus, on nous menaçait de nous mettre dehors, avec une dette énorme, en nous indiquant avec un ton oppressant et autoritaire que "de toute façon, au vu de notre situation personnelle – car nous venions d'acheter notre maison et d'avoir notre petite fille –, on ne pourrait pas s'en sortir".
Nous avons clairement été manipulés par un système totalement maîtrisé et orchestré par des mains de "maître".
Nous nous sommes sentis trahis et la confiance a été totalement rompue à ce moment-là.
Par ailleurs, nous précisons que le loyer du magasin a été fortement diminué après notre départ.

4. Carrefour City, 365 rue de Vaugirard
Pour arranger Carrefour, on nous demande de prendre pendant 15 jours les deux magasins en même temps, chose que nous acceptons malgré les complications d'organisation et de gestion et bien que nous fussions dévastés et désespérés.
Nous avons pris en location-gérance le 1er novembre 2018, là encore, un ancien magasin Dia récemment passé sous enseigne Carrefour City (Dia dont le rachat sera unanimement qualifié par la presse comme étant l'accident industriel du groupe Carrefour).
La signature des contrats s'est à nouveau faite après la date de prise de location-gérance, et une partie des documents a même été signée en bord de caisse du magasin. De ce fait, toujours aucun moyen de lire ce que nous signions.
Là encore, nous avons découvert des problèmes qui auraient dû être portés à notre attention en amont de notre acceptation de reprendre ce magasin. Outre une masse salariale surdimensionnée, nous avons découvert des problèmes sanitaires et du sabotage de la part des salariés opposés à la mise en location-gérance du magasin. Ces faits nous ont été délibérément cachés.
Une fois les problèmes de démarrage légèrement réglés et le rythme de croisière faiblement atteint, nous avons constaté que nous ne capitalisions pas d'argent non plus avec ce magasin.
Et en octobre 2019, Carrefour a mis fin à notre contrat de location-gérance, sans motif, à effet au 3 février 2020, ce qui a entraîné la fin définitive de notre relation commerciale avec Carrefour.

Nous avons donc été évincés sans avoir pu retirer les fruits de notre investissement dans cette relation, qui devait être d'acquérir un fonds de commerce rentable en vue de son exploitation pérenne jusqu'à sa revente à un tiers.
Bien cordialement. »
Lucie

Comme on peut le voir, le bailleur ayant seul la faculté de pouvoir résilier le contrat avec un simple préavis de trois mois, c'est un moyen de chantage permanent. Se plaindre, c'est prendre le risque d'être éjecté du jeu. Un jeu de dupes, certes, mais qui bâillonne et menotte tout gérant. Un contrat résilié avec d'imposantes dettes sur un stock en cours, c'est le début de la mort professionnelle assurée.

« Faites ce qu'on vous dit, ou on appuie sur le bouton ! » Voilà une phrase que de nombreux franchisés entendent régulièrement quand ils ont l'outrecuidance de soulever les problèmes constants de logistique auxquels ils sont soumis.

N'oublions pas que dans ce gâteau de quelque 500 pages qui constituent les quatre contrats, quatre pages s'imposent où est défini l'acte de caution sur les impayés marchandises. Une fois la créance admise au passif de la société, c'est le déclenchement des cautions qui est activé… des cautions personnelles et solidaires. Et souvent, la maison n'échappe pas à l'hypothèque (annexe 6, exemple d'acte de caution).

Dans ces conditions, Carrefour pourrait faire sien ce slogan des pompes funèbres américaines : « Mourez, nous ferons le reste ! »

Témoignage poignant que celui d'Yves, ex-locataire-gérant d'un Carrefour Contact (ex-Dia) qui s'est retrouvé dans une situation de dénuement économique et psychologique tragique et avec lequel nous avons échangé ces quelques mails :

> *« Bonjour Jérôme*
> *Voilà, Carrefour m'a tué et je suis sur le point d'en finir. Si tu veux bien diffuser ce message de détresse. Encore une victime de Carrefour. »*

> *« Bonjour Yves,*
> *Je suis alarmé par ton message. Surtout ne commets pas l'irréparable, je t'en prie. Donne-moi ton numéro de portable et je t'appelle si tu veux bien. Je peux t'aider à t'en sortir et tu verras, après Carrefour, la vie est belle.*
> *Je compte sur toi pour répondre à mon message.*
> *Amicalement. »*

> *« Jérôme,*
> *Carrefour a ruiné ma vie. Je veux le dire avant de mourir. »*
> *« Yves,*
> *Ne fais rien. Comme pour toi, ils ont failli me tuer, j'étais au bord du suicide, mais je suis là et bien là. Laisse-moi t'appeler. »*

> *« Jérôme,*
> *Je vais me foutre en l'air. Mais que ce message soit un cri d'alarme pour les autres. S'il faut une victime pour*

dénoncer ces pratiques, je le serai. Diffuse ce message à tout le monde. Merci Jérôme. »

« Pour réussir une affaire, il faut trois personnes, un rêveur, un commerçant et un salaud. »

(Peter Mac Arthur)

Le franchisé investisseur

Passons à présent à la seconde formule, celle qui concerne les audacieux, les très rares locataires-gérants ayant capitalisé ou les propriétaires d'une dot, d'un fonds, d'un capital plus cossu ou d'un optimisme à toute épreuve. Avec un minimum de 80 000 euros, tout rêve peut devenir réalité, toute ambition s'accomplir. Fort d'un apport considérable, le postulant va pouvoir financer directement l'achat de son fonds de commerce sans droit d'entrée préalable.

Cela peut être le cas d'un commerçant déjà propriétaire de son enseigne et qui désire passer sous bannière Carrefour pour profiter de l'aura, du savoir-faire et de la notoriété du géant.

On retrouvera là les mêmes types de contrats, franchise et approvisionnement, que pour la location-gérance avec néanmoins quelques améliorations poivrées.

S'il n'est pas déjà propriétaire d'un magasin, le contractant va devoir créer sa société – généralement une SARL (société à responsabilité limitée). Et c'est déjà là que le bât (de laine) blesse, car une première obligation est imposée : Carrefour entre dans le capital de l'entreprise à une hauteur de 26 %. Dans le cas d'une création de SA (société anonyme), Carrefour entre pour 34 %.

Quatre contrats sont alors signés : un contrat de franchise pour une durée de sept ans, un contrat d'approvisionnement de sept ans également, les statuts-types de Carrefour, soit 99 ans ou trente ans pour les statuts les plus récents, et un pacte d'associés courant sur trente ans.

Nous ne revenons pas sur les deux premiers contrats que nous avons détaillés plus haut, mais attardons-nous sur les deux suivants, les statuts et le pacte d'associés, qui sont des modèles d'espièglerie pour qui aime rire… jaune.

Statuts Carrefour, la refonte

Avant toute chose, les statuts-types de l'araignée Carrefour vont être adaptés à la mouche franchisée.

D'une part, l'objet social de l'entreprise stipulera en premier lieu qu'elle doit « exploiter un fonds de commerce sous enseigne Carrefour à l'exclusion de tout autre ». C'est mal faire, mais c'est bien dit (annexe 7, extrait statuts type, objet social, durée) ! On croirait lire une pensée essentielle de Winston Churchill : « La démocratie est le pire des systèmes à l'exclusion de tous les autres[7]. »

D'autre part, le gérant verra ses pouvoirs limités dans un certain nombre de décisions, notamment dans celles qui consisteraient à modifier l'objet social ! La décision étant assujettie à la majorité des trois-quarts (75 %), et compte tenu du fait que l'intéressé n'en possède que 74 % (voir plus haut), le calcul est vite fait (annexe 8, extrait statuts type, pouvoirs limités du gérant).

---

7. Winston Churchill, *Discours*, 11 novembre 1947.

En cas de dissolution, quelle qu'en soit la cause, il y a un droit d'attribution préférentiel du fonds de commerce au profit de l'associé minoritaire. En clair, Carrefour, en cas de litige, peut se retrouver propriétaire d'un magasin qu'il n'a pas acheté et bien sûr le revendre à un nouvel ambitieux plein d'étoiles dans les yeux et d'économies à la banque.

Il y a bien sûr, en cas de contentieux, le recours à la fameuse clause d'arbitrage, cette justice privée qui est surtout privée de justice !

Chez Carrefour, 7 + 7 = 99 !

Cher futur franchisé qui lisez cet ouvrage, résumons notre affaire. Vous venez de signer un contrat de franchise pour sept ans et un contrat d'approvisionnement pour la même durée. Mais la signature des statuts-types avec une minorité de blocage à 26 %, dans lequel l'objet social (qui vous interdit d'exploiter votre fonds de commerce sous une enseigne autre que celle du groupe Carrefour) ne peut être modifié sans la majorité des trois-quarts, « transformera vos contrats de sept ans en contrats à vie » de votre société (quatre-vingt-dix-neuf ans pour la grande majorité ou trente ans). Eh oui ! ce petit 1 % en moins vous empêchera de vous désengager.

Le piège est parfait !

Mais ce n'est pas tout… Le citron n'est pas encore totalement pressé !

Le pacte d'associés (annexe 9, exemples de pactes d'associés)

Dans le mot « pacte », il y a cette notion d'alliance à l'ancienne, de la parole donnée, de la poignée de main qui scelle une association durable, intangible… Le pacte est noble, presque symbolique. Il n'a pas la froideur du traité, la neutralité du contrat ni la rugosité de l'accord, le pacte est presque amical.

Toutefois, celui que Carrefour signe avec son « associé » est un pacte de sang où seul celui du franchisé va couler.

En réalité, ce pacte piège n'est signé que pour une seule chose : prédéterminer la valeur des 74 % du franchisé, en prévision de son futur départ qui surviendra bien avant les trente années que laisse augurer cette association merveilleuse. Le calcul est assez simple… Machiavel lui-même ne l'aurait pas renié.

La vente du commerce sera calculée sur trois mois à sept mois du chiffre d'affaires du magasin (le nombre de mois choisi étant laissé à l'appréciation du franchiseur). Prenons l'exemple d'un magasin qui fait 500 000 euros de CA par mois. Il pourra prétendre à 1,5 million d'euros à la vente. Montant duquel, il devra déduire dix ans de loyer, dix ans de taxes foncières, la prévision de travaux en fonction de la vétusté du magasin, l'impôt de la société et bien sûr, les fameux 26 % dont il n'est pas propriétaire !

Ce qu'il est essentiel de comprendre dans cette évaluation, c'est que Carrefour est propriétaire des murs du magasin et facture donc un loyer et la taxe foncière à son franchisé. Or, dans la méthode de valorisation des parts,

Carrefour a imposé à tous ses franchisés la déduction de dix ans de loyer et dix ans de taxe foncière !

Ainsi, pendant toute sa période en franchise, le « partenaire » qui paye son loyer et sa taxe foncière se verra contraint, au moment de la vente, de payer à nouveau dix ans de loyer et de taxe foncière ! Bien sûr, aucune explication rationnelle n'est donnée à ce *modus operandi*, si ce n'est d'associer à la notion de commerce alimentaire celle de bailleur lucratif. Rarement placement immobilier aura été aussi rentable qui voit le locataire payer deux fois sa location !

Ce qui est cocasse, c'est que dans le cas où Carrefour n'est pas le bailleur et qu'un tiers est propriétaire des murs, l'enseigne applique la même règle et empoche donc indirectement les dix ans de loyer et de taxe foncière.

À cette partie de « cash-cash », c'est Carrefour qui a la meilleure planque !

Un pacte très impactant, non ?

Comme en témoigne…

Voici un exemple très concret de ce que peut donner l'application du pacte d'associés.

Au travers de leur société Gispro, les époux Cochet sont devenus propriétaires d'un magasin exploité sous enseigne Carrefour Contact en Normandie.

En juillet 2015, ils achètent le fonds de commerce pour le prix de 650 000 euros auxquels ils ajoutent 200 000 euros de travaux, soit un investissement global de 850 000 euros (pour un magasin réalisant un CA TTC de l'ordre de 3,3 millions d'euros).

La valorisation effectuée fait ressortir le fait que les époux Cochet repartiront avec une somme de l'ordre de 329 000 euros… sachant que dans ces 329 000 euros sont inclus le remboursement de leur compte courant d'associés, c'est-à-dire quelques gains qu'ils ont faits pendant l'exploitation du fonds de commerce. Si on retire le montant de ce compte courant, leurs 74 % valent… 187 000 euros ! Une vraie « belle affaire », comme on peut le constater.

Cet exemple est révélateur du caractère spoliateur du pacte d'associés, pur contrat d'adhésion qu'ils ont été obligés de signer comme tous leurs collègues franchisés du groupe Carrefour.

Il n'est pas neutre de préciser que cette valorisation a été effectuée par le cabinet d'expertise-comptable In Extenso, cabinet référencé et imposé aux franchisés par CPF (Carrefour). Nous le détaillerons un peu plus loin.

Nous ne pouvons nous empêcher d'ajouter une petite pierre à cet édifice construit – pour les époux Cochet – sur des sables mouvants. Il s'agit des extraits d'un courrier envoyé à la DIRECCTE de Caen par un autre couple de commerçants, les époux Blaire, afin de dénoncer la duperie dont ils sont également les victimes.

> *« Lors de cette acquisition, nous avons appris que CPF avait elle-même acquis ledit fonds de commerce deux ans plus tôt pour le prix de 285 000 euros. Nous notons au passage la belle plus-value que ce groupe a faite sur notre dos, en nous vendant le fonds de commerce 650 000 euros et nous avons clairement eu le sentiment qu'au travers de ce bénéfice considérable,*

nous avions payé tout ou partie des opérations de dépollution de la station-service… […]
De même, toujours lors de cette acquisition, nous avons pu constater non sans amertume que CPF nous avait facturé une redevance de location-gérance nettement supérieure au loyer qu'elle réglait elle-même au bailleur en sa qualité de preneur. Ainsi notre redevance de location-gérance s'éleva-t-elle à 40700 euros H.T. la première année pour passer ensuite à 49600 euros H.T. CPF, elle, réglait un loyer de… 33000 euros H.T.! […]
Lors de cette acquisition, nous n'avons pas eu d'autre choix que de nous voir imposer les statuts-types Carrefour et une prise de participation minoritaire de la part d'une filiale du groupe, la société SELIMA, à hauteur de 26 %.
Nous nous permettons d'insister sur ce point : c'était "à prendre ou à laisser", nous n'avons pas pu discuter ou négocier quoi que ce soit. Si nous voulions ce magasin, nous devions tout accepter… »

La quasi-intégralité des franchisés n'osera pas contester la valorisation résultant des pactes d'associés totalement déséquilibrés, qui permettront donc au groupe Carrefour de remettre la main sur un fonds de commerce à vil prix et de le céder à nouveau, cette fois au prix fort, à un nouveau candidat franchisé, nouveau pigeon de l'histoire qui se répétera à l'infini.

Dans un far West magnifié, les auteurs de ce type d'agissements finissent à cheval sur des rails, le corps recouvert de plumes et de goudron… Dans la vraie vie, ce sont les époux Blaire et Cochet qui sont plumés !

Carrefour, impair et perd

De tous ces contrats, en réalité, le franchisé ne perçoit que la durée des sept ans et reste aveugle sur les 99 ans des statuts et les trente ans du pacte d'associés. Nous en voulons pour preuve ce jugement du tribunal de commerce de Caen rendu tout récemment. En l'espèce, Carrefour attaquait un franchisé qui avait tenté de sortir des griffes de l'enseigne en l'assignant en justice.

Extrait (suite) d'un jugement rendu à la troisième chambre du tribunal de commerce de Caen

> *M. Vincent P. et son épouse, après avoir exploité avec l'assistance de Carrefour un fonds de commerce Marché Plus à Cherbourg, ont dû signer, lorsqu'ils ont créé la société SVLP pour exploiter une enseigne Carrefour City, des statuts d'adhésion-types leur imposant notamment un associé dénommé SELIMA, filiale de PROFIDIS, elle-même filiale de Carrefour SA, dotée d'une minorité de blocage de 26 % sur certaines décisions, dont les changements statutaires impliquant une majorité des trois quarts.*
>
> *Ont été signé un contrat de franchise les engageant pour sept ans avec une dénonciation moyennant un préavis d'une année, un contrat d'approvisionnement exclusif assorti des mêmes conditions, ainsi que diverses conventions accessoires.*
>
> *L'exploitation, malgré un chiffre d'affaires respectable et régulier, s'étant révélée durablement très peu rentable, M. P. a dénoncé ses contrats de franchise et*

d'approvisionnement à leur terme de sept ans, déclenchant diverses actions judiciaires de Carrefour.
Les époux P. ont donc été amenés à solliciter au tribunal de commerce de Caen, la mise en place d'une procédure de sauvegarde. [...]
En effet, à cause de prix de cession excessifs et de la participation obligatoire à divers abonnements payants, défauts majeurs amplement détaillés dans la presse écrite, audiovisuelle et dans nombre d'affaires traitées par ce tribunal, les exploitants (franchisés) sont maintenus dans une dépendance extrême, notamment de subventions dépendant du bon vouloir du groupe Carrefour pour équilibrer leurs comptes. [...]
Il apparaît d'une singulière mauvaise foi pour Carrefour de se prévaloir de la possibilité laissée par le dispositif contractuel de résilier les contrats de franchise et d'approvisionnement avec l'autorisation de l'assemblée générale des associés dans les conditions statutaires quand lesdites conditions empêchent de facto *toute résiliation en raison de la minorité de blocage. [...]*
Il est patent que la société SELIMA (Carrefour) n'a pas uniquement exercé son droit à se défendre en justice, mais l'a poussé à son paroxysme dans un très inhabituel combat de tranchées judiciaires, et a amplement démontré que cette affaire revêtait le caractère d'un test national destiné à créer un exemple, ce dont atteste un nombre inusité de recours en tout genre depuis plusieurs années concentrés sur une seule petite surface commerciale normande.

> *Cette mécanique s'est répétée pour certains autres établissements, comme en attestent les pièces fournies par le défendeur.*
> *Il apparaît donc clairement au tribunal que certains établissements et la société SVLP en particulier font l'objet d'un acharnement incontestablement prouvé par les faits. […]*
> *La société SELIMA (Carrefour) ne se contente donc pas de faire respecter ses droits, mais démontre un acharnement fautif causant un préjudice notamment financier extrêmement important et particulièrement grave à son cocontractant, surtout eu égard à sa structure et ses revenus modestes qu'il conviendra de réparer.* »

Nous avons là une fin presque heureuse pour le franchisé qui a réussi à se sortir des pattes de l'ogre. Hélas ! les cas sont encore rares pour une raison assez simple : la peur ! Se rebeller, c'est prendre le risque que le franchiseur « appuie sur le bouton », qu'il sorte le franchisé du jeu avec ses monceaux de dettes qui déclencheront inexorablement les cautions, les hypothèques et, à terme, la mort sociale. Alors le gérant opte pour la fuite en avant, espérant parvenir un jour à contenir l'hémorragie. Mais on l'a compris, ce jour n'arrive jamais, il n'y a pas d'anticoagulant assez fort.

Une seule mission : la soumission

En 2020, après avoir répondu aux sirènes du groupe Carrefour, un couple de commerçants du Rhône s'est lancé dans l'aventure, convaincu que l'enseigne qui se revendique comme le premier employeur français, pourrait servir de tremplin à une ambition bien légitime, celle de devenir chef d'entreprise. Sur la base d'un prévisionnel établi par le franchiseur, la première année devait dégager un résultat de 25 000 euros. Un bénéfice qui paraissait peu élevé compte tenu du potentiel du magasin, mais qui pouvait être mis sur le compte d'une première année d'exploitation sans expérience. Hélas ! cette première année se révéla catastrophique au point que le couple après plusieurs alertes auprès de leur conseiller de franchise – le bon Samaritain toujours à l'écoute – a demandé une nouvelle proposition de magasin. Requête restée sans réponse. D'ailleurs aucune de leurs doléances, qu'elles concernent les problèmes d'approvisionnement ou de gestion de personnel, ne fut entendue. Seules les exigences du franchiseur devaient être exécutées sans conditions, le franchisé devant s'y soumettre.

Voici quelques extraits du courrier adressé à la cellule régionale du ministère de l'Économie, la DIRECCTE, qui rend compte de l'état de soumission des franchisés.

Le saviez-vous ?

Les DIRECCTE

Directions régionales des entreprises, de la concurrence, de la consommation, du travail et de l'emploi. Les DIRECCTE sont des directions régionales, placées auprès du préfet pour assurer le pilotage coordonné des politiques publiques, du développement économique, de l'emploi, du travail et de la protection des consommateurs. Les DIRECCTE ont été remplacées depuis avril 2021 par les DREETS (Directions régionales de l'économie, de l'emploi, du travail et des solidarités).

« … La raison de cette soumission totale est très simple : le contrat de location-gérance que nous avons signé prévoit que ledit contrat peut être dénoncé à tout moment après la première année en respectant un simple préavis de trois mois. Carrefour use et abuse de cette clause pour nous contraindre, nous soumettre. Si nous "sortons des clous" du modèle imposé de "partenariat", Carrefour déclenche la dénonciation du contrat de location-gérance avec ce simple préavis de trois mois sans avoir à se justifier de quoi que ce soit.
Nous n'avons aucun choix. Peut-on prendre le risque de perdre le magasin dans lequel nous nous sommes investis sans compter, avec le rêve de pouvoir l'acheter au bout de trois ou quatre ans comme ils nous l'ont présenté ? Peut-on prendre le risque d'être mis dehors et de se retrouver sans emploi et sans chômage puisque nous sommes "chefs d'entreprise" ?
La seule solution est de faire le dos rond et d'obéir. […]
Nous avons été abusés par les conseils de notre conseiller en franchise, trompés depuis le début par l'enseigne et nous nous retrouvons aujourd'hui, à travers notre société, avec des dettes et le risque que Carrefour actionne les cautions personnelles que le groupe nous a

> *contraints à signer au départ de notre relation contractuelle. [...]*
> *C'est une véritable mise en pièces de nos magasins qui est mise en œuvre par nos "partenaires" et ce, de façon totalement volontaire. C'est toute la relation commerciale et juridique qui est biaisée par ces méthodes que nous entendons dénoncer auprès de vous. »*

Ce n'est qu'après avoir quitté leur structure que le couple a appris que Carrefour leur avait alloué un ex-magasin Dia, des magasins – on l'a vu plus haut – rachetés inconséquemment par l'ancien P.-D.G. Georges Plassat pour augmenter l'importance du parc Carrefour. Mais comme on le sait, la clientèle Dia, amatrice d'hyper-discount, avait boudé le concept classique de l'enseigne aux prix plus élevés.

Un piège à loup qui se referme sur des brebis.

> *« Nous vous adressons un article de presse paru dans* La Voix du Nord, *concernant un ex-magasin Dia converti en Carrefour City où les huit locataires-gérants qui se sont succédé ont tous connu des situations d'échec total...*
> *Nous avons été clairement et sciemment trompés, abusés par le groupe Carrefour, et ses pratiques s'apparentent à de l'escroquerie, à de l'abus de confiance. »*

Carrefour s'était bien sûr gardé de prévenir son nouveau franchisé. Ce dernier était en réalité la nouvelle victime d'un plan d'ensemble plus vaste qui consiste à faire payer, à un grand nombre des partenaires de l'enseigne, la

« boulette » d'un dirigeant trop gourmand et ne sachant pas se tenir à table.

> *« Pour mémoire, le rachat de Dia par Carrefour en 2014 a été qualifié par la presse spécialisée de l'époque, d'accident, de catastrophe industrielle pour le groupe. »*

En matière de catastrophe industrielle ou pour le moins d'erreur cruciale de stratégie, la récente opération « Supeco », sans être un chef-d'œuvre, est un bon marqueur pour décrire l'errance commerciale dans laquelle se complaît depuis quelques années le nouveau dirigeant.

Supeco : soupe populaire ou bouillon d'onze heures ?

En septembre 2019, sous l'injonction du P.-D.G. Alexandre Bompard, Carrefour lance une nouvelle chaîne de soft-discount pour pallier les carences commerciales d'un certain nombre de Carrefour Market. Supeco est née.

Ces magasins seront uniquement destinés à la location-gérance, situés dans des zones plutôt défavorisées de Verdun, Marseille, Tourcoing, Gap, etc., et devront jouer la partition de l'économie : pas de publicité, des rayons sommaires, des loyers bas et le moins de personnel possible.

Dès le début, les ambitions du président, M. Bompard, sont clairement affichées : ce ne sont pas moins de 300 magasins qui ouvriront à l'horizon de 2022 et qui seront les anti-Lidl ! Quatre ans plus tard, le territoire en compte seulement trente-trois (10 % de l'objectif[8]). Le pari de

8. Olivier DAUVERS, www.olivierdauvers.fr

toucher rapidement une autre couche de clientèle et de devenir l'enseigne discount phare a échoué.

Pour les franchisés en location-gérance, c'est non seulement un échec, mais aussi une tragédie. C'est entre 400 000 et un million d'euros d'impayés de marchandises qu'ils laisseront sur le carreau, c'est-à-dire des marchandises commandées et livrées que les franchisés seront incapables de payer à Carrefour faute de rentabilité. On fera alors jouer les quinze jours de préavis contractuels et on enverra gentiment tout ce beau monde pointer à… Non, pointer nulle part, puisqu'ils n'ont pas droit au chômage.

> « … *Nous avions des marges très basses, voire négatives, sur certains produits, et ce, de manière récurrente, alors que c'est illégal et surtout très difficile à gérer financièrement en termes de trésorerie ! Évidemment, nous ne choisissions pas les prix d'achat et nous n'avions pas notre mot à dire sur les prix de vente, qui nous étaient toujours imposés. […]*
> *Malgré un équilibre de vie très sain, la brutalité des événements a été très difficile psychologiquement. Pendant près de deux mois, je n'ai pas dormi, et j'ai dû aller voir un psy, car j'ai vécu cela comme un échec personnel même si, avec le recul, j'ai bien compris que le problème ne venait pas de moi ! Heureusement que je n'ai jamais été seul, on m'a toujours soutenu pour surmonter cette épreuve difficile, sinon les choses ne seraient pas ce qu'elles sont aujourd'hui. Étant quelqu'un de résilient et combatif, malgré l'adversité, je suis déterminé à rebondir et à mettre Supeco face à ses responsabilités. Nous sommes des humains et non*

des numéros que l'on remplace à sa guise, et j'espère pour mes confrères locataires-gérants encore en activité, qu'ils ne subiront pas la même chose que moi et que la direction Supeco se remettra en question afin de réparer toutes les incohérences dans son fonctionnement. »
Jordan
Supeco

Le saviez-vous ?

Le soft-discount

Le soft-discount est une évolution « haut de gamme » du hard-discount, constitué de deux fois plus de produits, d'une présentation plus élaborée avec un marchandising soigné et d'une proposition de produits frais mieux développée. Les prix proposés sont de l'ordre de 15 % moins cher que dans le circuit classique. Le concept intègre les innovations techniques comme les caisses automatiques en libre-service.

Les raisons de cet échec commercial sont sans doute multiples, mais il en est une qui fait nettement la différence, c'est l'arrivée en force de l'ethnique, parasitant le positionnement discount de Carrefour qui ne parvient pas à trouver une identité forte sur ces quartiers périurbains.

L'ethnique, le « commerce du monde », c'est le commerce halal. Et de ce commerce, Carrefour compte en faire un partenaire.

Le saviez-vous… vraiment ?

Halal

Le mot arabe *halal* signifie dans la langue d'Avicenne « licite » qui s'oppose à *aram*, qui marque « l'interdit ». *Halal* désigne tout ce qu'autorise la *charia*, cette « loi canonique islamique » qui régit la vie religieuse et politique de tout musulman. Dans son acception courante, le terme recouvre tous les aliments autorisés aux fidèles, essentiellement d'origine animale. Toutes les viandes sont acceptées à l'exception du porc. Elles doivent bien sûr avoir subi le rituel d'abattage islamique, la *dhabiha*. L'animal doit être conscient avant l'égorgement et avoir la tête tournée vers La Mecque. Le mode opératoire est très précis pour permettre au sang de se drainer très vite (dans la religion musulmane, le sang est considéré comme impur). Le sacrifice est opéré par un musulman habilité qui invoque Allah.

L'heure H… Market

H.market est une enseigne francilienne d'une quinzaine de magasins, au positionnement ethnique assumé. Cette enseigne familiale créée il y a dix-sept ans par une famille de bouchers poursuit son développement en Île-de-France, grandit son offre et sa clientèle.

Depuis l'été 2022, la direction de Carrefour a contraint les locataires-gérants des magasins Supeco à agrandir les rayons halal par le biais d'un contrat d'approvisionnement signé avec H.market. Pour certains directeurs Supeco, la préparation d'un partenariat plus effectif avec l'enseigne musulmane est un secret de polichinelle. En réalité, la transformation de Supeco en H.market apparaît être la stratégie de Carrefour pour sauver une partie de ses investissements catastrophiques.

À l'occasion du dernier ramadan, s'il y avait des produits Carrefour dans les rayons H.market, ce qui peut se concevoir, il y avait également les produits H.market dans les hypers Carrefour, ce qui pourrait ressembler à un pied coincé dans la porte.

> *« Le mois sacré du Ramadan arrive à grands pas et un nouveau partenariat inédit avec un mastodonte de la grande distribution, le magasin Carrefour de Rosny-sous-Bois, et une enseigne spécialisée en pleine croissance H.market Supermarchés, vient de naître il y a quelques jours.*
> *Un magnifique "corner" au sein de la zone "produits du monde" avec tout ce que H.market Supermarchés peut proposer dans ses magasins propres.*
> *Bravo aux équipes H.market Supermarchés pour l'implantation très "quali" et aux équipes magasins. »*
> Dawoud – responsable senior

> *« … Lorsque Boris Cuvillier a pris ses fonctions en mai 2022, Supeco a encore changé de concept. Pendant l'été 2022, comme la direction nous l'a demandé, nous avons installé des produits à 1 et 2 euros dès l'entrée du magasin. On nous a également*

imposé de fortement augmenter très rapidement notre rayon ethnique (en majorité le rayon halal).[...]
Étant locataire-gérant, j'ai exécuté le concept demandé à la lettre et j'ai également cherché des fournisseurs directs par moi-même pour aller plus vite. J'ai même été l'un des Supeco à avoir le plus joué le jeu, car je suis passé de 2-3 éléments halal à 18 pour le rayon sec, de 1 élément halal à 3 frais et pour le surgelé de la moitié d'un bac à 3 bacs. Peu en ont fait autant que moi ! [...]
Encore un nouveau changement de stratégie de la direction durant l'été 2022, alors qu'à l'ouverture le concept était d'avoir un grand choix de produits au rayon vrac, Supeco a voulu qu'on arrête totalement ce rayon pour laisser la place à des rayons ethniques. [...]
Je pense que le concept avait beaucoup de potentiel, mais il a été gâché par de mauvais choix et de multiples stratégies via des dirigeants qui se sont trop rapidement et trop souvent succédé. Supeco n'a donc pas d'identité, car le concept est devenu trop flou pour les clients, mais aussi pour les locataires-gérants qui, à force qu'on leur donne des consignes contradictoires, n'arrivent plus à comprendre la vision du groupe, et encore faudrait-il qu'il en ait une ! »
Jordan
Supeco

La justice arbitrale

> Le saviez-vous ?
>
> La justice privée est chargée de trancher un litige à la place d'un juge public à la suite d'une convention d'arbitrage. La procédure arbitrale est la procédure de règlements des litiges par recours à une ou plusieurs personnes privées (en nombre impair) appelées arbitres qui seront chargées de rendre la sentence.

En cas de litige sérieux, il convient de revenir sur ce qui attend le franchisé, qu'il soit locataire ou propriétaire. Les différents contrats qu'il a signés seront, en cas de problème, réglés par un tribunal arbitral, donc privé. Mais en l'occurrence, ce ne sera pas *une* procédure d'arbitrage qui sera à mettre en place pour un franchisé qui veut contester le montage contractuel, mais autant d'arbitrages que de contrats. Et comme on l'a vu, on en compte quatre. Carrefour s'oppose à tout arbitrage unique. La raison est simple quand on sait que cela coûte au franchisé environ 100 000 euros et qu'il lui faudra multiplier par quatre. De cette manière, Carrefour empêche ses « partenaires » d'accéder à la justice.

S'ajoute à cette injustice qui ne donne pas son nom, le fait que Carrefour, champion des clauses d'arbitrage à répétition, désigne toujours les mêmes personnes avec lesquelles un certain courant d'affaires se crée et qui remet nettement en cause la neutralité et l'indépendance des arbitres désignés par le groupe. *A contrario*, le franchisé ne désignera qu'une seule fois dans sa vie professionnelle un arbitre avec lequel il n'aura pas de relation « privilégiée ».

Deux poids, deux mesures !

Quand la concurrence est un ennemi

Il arrive que des groupes concurrents réussissent à rallier sous leur « bannière » des franchisés Carrefour. Cet adversaire commercial devient alors la proie de procédures judiciaires de la part de Carrefour qui attaque pour déstabilisation de ses réseaux de franchise et actes de concurrence déloyale. Le groupe va systématiquement demander des dizaines de millions d'euros de dommages et intérêts, ce qui a pour effet de couper toute velléité de démarchage chez le concurrent qui n'a souvent pas les reins assez solides pour engager une bataille judiciaire avec le géant.

Dans les faits, dans ce type de procédures, Carrefour perd toujours, mais ces attaques violentes ont pour but d'effrayer les groupes concurrents à venir piétiner sur ses plates-bandes. C'est de bonne guerre, diront certains, mais une guerre qui use et abuse du terrorisme judiciaire. À titre d'exemple, nous citerons deux extraits d'arrêts de cour d'appel qui concernent, d'une part, les sociétés FRANCAP et SEGUREL, qui développent entre autres les enseignes Coccinelle et, d'autre part, le groupe Casino qui a fait les frais de la vindicte de Carrefour. Les termes utilisés dans les arrêts sont évocateurs et se passent de tout commentaire.

Dans les deux extraits ci-dessous, la société Prodim est aujourd'hui Carrefour Proximité France (CPF).

<u>Extrait numéro 1 de l'arrêt de cour d'appel de PARIS 2 octobre 2008 concernant les sociétés FRANCAP et SEGUREL (enseigne coccinelle) cibles du groupe Carrefour :</u>

> « *[...] Considérant qu'en mettant en exergue les décisions antérieurement prononcées entre les mêmes parties dans des affaires similaires, le tribunal a octroyé des dommages et intérêts aux sociétés FRANCAP et SEGURE, pour procédure abusive ;*
> *Qu'il apparaît désormais, qu'instruites sur la réalité de leurs droits, par les décisions antérieures, les sociétés Prodim et CSF n'ont initialement attrait les sociétés FRANCAP et SEGUREL dans la présente instance, que parce qu'il s'agissait de sociétés qui leur faisaient concurrence en proposant leurs services aux commerçants indépendants franchisés dans leurs réseaux ;*
> *Que disposant des moyens puissants, du fait de leur appartenance à un groupe de distribution d'importance mondiale, les sociétés Prodim et CSF ont essayé d'entraver l'action de leurs concurrents en multipliant les instances judiciaires, génératrices de frais significatifs, dont les intéressées doivent faire l'avance, et grevant leur trésorerie à due concurrence, dans l'espoir dissimulé, de les voir renoncer de continuer à venir leur faire concurrence auprès des franchisés de leurs réseaux ;*
> *Que ce faisant, en visant, non à protéger les intérêts légitimes de leur réseau de distribution, mais à protéger un territoire correspondant à la zone de chalandise des franchisés concernés, les sociétés Prodim et*

CSF ont, par malice et calcul de pure opportunité, fait dégénérer en abus leur droit d'agir en justice contre les sociétés défenderesses, lesquelles sont étrangères au contrat de franchise ayant existé entre la société Prodim et Monsieur C... ;
Qu'en conséquence, les condamnations prononcées par les premiers juges au titre de la procédure abusive, seront confirmées ;
Considérant que, par ailleurs, la société SEGUREL réclame 3 000 € de dommages et intérêts pour appel abusif et que la société FRANCAP a aussi maintenu sa demande, à hauteur de 5 000 €, au même titre ;

Que les moyens au soutien de l'appel ne sont pas fondamentalement différents de ceux soumis, sans succès, au tribunal et qu'il apparaît tout autant que le recours ainsi diligenté devant la cour, poursuit en réalité le même objectif d'intimidation de sociétés concurrentes notoirement moins puissantes financièrement ;
Que ce faisant, les sociétés Prodim et CSF ont aussi, par malice et calcul de pure opportunité, fait dégénérer en abus leur droit d'exercer un recours en appel à l'encontre de la décision des premiers juges, dont le préjudice correspondant, éprouvé par les intimées, doit aussi être réparé ;
Que les appelantes seront condamnées à des dommages et intérêts complémentaires dont le montant est précisé au dispositif ci-après, mais que, s'étant ensuite désistées de leur recours à l'encontre de la société FRANCAP, en indiquant vouloir tirer les conséquences d'une décision antérieure de la cour dans une affaire comparable, il

convient d'en tenir compte dans l'évaluation du dommage concernant cette dernière intimée. »

Extrait numéro 2 : arrêt de la cour d'appel de Chambéry du 27 avril 2010 concernant le groupe Casino cible du groupe Carrefour :

> *« IV. Sur les demandes de dommages et intérêts pour procédure abusive et au titre de l'article 700 du Code de procédure civile formées par la société Distribution Casino France [...]*
> *Attendu que, depuis plus de dix ans, les sociétés Prodim et CSF, au travers de procédures arbitrales et judiciaires, n'ont cessé d'actionner la société Distribution Casino France, dépourvue de lien contractuel avec elles et qui n'avait fait qu'exercer son légitime droit d'acheter un fonds de commerce, en se fondant sur la responsabilité contractuelle puis sur la responsabilité délictuelle au moyen d'un argumentaire se modifiant au fil des réponses négatives qui y étaient apportées, et dont le dernier avatar, soumis à la présente cour, ressort d'une évidente mauvaise foi, comme il a été relevé plus haut ;*
> *Que cette attitude, manifestement abusive, a entravé l'exercice normal de l'activité librement concurrentielle de la société Distribution Casino France et engendré pour celle-ci des charges de gestion et de suivi ;*
> *Que c'est donc à bon droit que le premier juge a condamné les sociétés Prodim ET CSF à payer des dommages et intérêts pour procédure abusive, dont le montant sera toutefois augmenté à 20 000 euros*

> *pour tenir compte des désagréments supplémentaires causés par la présente procédure d'appel diligentée de mauvaise foi à l'encontre d'un jugement, pourtant particulièrement motivé.*

Hélas ! les franchisés ne sont pas les seules victimes de toutes ces procédures que l'on peut, sans exagérer, qualifier de machiavéliques.

Mais avant de développer l'histoire tragique des fournisseurs et de la condition des salariés, nous aimerions vous raconter une petite histoire, une sorte de fable contemporaine où le cynisme commercial et politique s'affiche sans vergogne et qui illustre assez bien cette phrase de Jean de La Fontaine tirée des *Animaux malades de la peste* : « Selon que vous serez puissant ou misérable, les jugements de cour vous rendront blanc ou noir. »

Au pays de la fée Morgane

> *Il était une fois, Jérôme Coulombel, directeur juridique du service contentieux dans le royaume du géant Carrefour. Il avait un métier qui lui apportait toute satisfaction. Un jour, un étrange dossier intitulé RCD parvint sur son bureau. Sigle étrange dont les lettres ne signifiaient pas* royaume charmant de Distriland, *mais* ristourne complémentaire de distributeur, *ce qui engageait nettement moins à la rêverie et au merveilleux. Dans ce dossier, il était fait mention de choses terribles et inavouables qui décrivaient les manœuvres illégales de celui qui voulait se montrer*

comme le bon gros géant, premier employeur de France et commerçant altruiste au service de ses partenaires. Mais il était essentiellement question dans ce dossier de pratiques irrégulières.

Ne pouvant cautionner de telles pratiques, au risque d'en devenir complice, Coulombel prévint la hiérarchie du « Château » qui le menaça du cachot et des oubliettes. Il décida alors de quitter les terres du bon gros géant et de signaler de tels agissements auprès du Bureau des Sous, appelé ministère de l'Économie.

Il fut très vite convoqué par les inspectrices de la DIRECCTE en territoire de Normandie.

Après s'être confiées sur le dossier RCD [sur lequel nous reviendrons au chapitre suivant en des termes beaucoup plus crus], *les inspectrices demandèrent à en savoir un peu plus sur les contrats de franchise que le géant proposait aux nains. Il fallut plusieurs heures pour qu'elles mesurent véritablement la nature et l'ampleur des « mines » contractuelles posées par le franchiseur.*

Hélas! elles manquaient de témoins et de plaignants pour instruire une enquête sur ce système de franchise pour le compte du ministère de l'Économie. Jérôme Coulombel prit alors son bâton de pèlerin et partit en quête des victimes afin de recueillir leurs plaintes. Bientôt l'escarcelle dudit Coulombel fut pleine de témoignages et les inspectrices purent commencer à étoffer leur dossier à charge.

Trois ans plus tard, dossier bouclé, le feu vert pour l'assignation fut donné et on prévint Bercy!

Le bon gros géant allait pouvoir trembler, lui dont 80 % de l'économie reposait sur la franchise. Le royaume gangrené était sur le point de vaciller. Il ne resterait plus qu'à couper les membres empoisonnés pour retrouver la voie de la raison, de la bienveillance et du véritable commerce équitable.

Mais comme dans tout conte de fées qui se respecte, le merveilleux n'est jamais très loin.

Alors que le messager porteur de l'assignation était en route pour Bercy, la fée Morgane fit son apparition.

Morgane était une jeune femme aux talents multiples, diplômée de l'institut d'études politiques de Paris, élève de l'ENA. Pendant cinq ans, elle tambouilla de l'élixir financier à l'inspection générale des finances du ministère de l'Économie avant d'entrer au sein du groupe Carrefour comme directrice de cabinet d'Alexandre Bompard, le soldat en chef du bon géant. Elle y concocta de nombreux remèdes sur la transition alimentaire, la satisfaction des clients et les priorités stratégiques de l'enseigne, jusqu'à devenir, trois ans plus tard, la directrice exécutive de Market France.

Mais elle n'y resta pas un an… Car elle choisit de revenir sous l'aile tutélaire du chef du ministère de l'Économie, celui que l'histoire appelle Bruno Le Maire.

La fée Morgane arriva à Bercy en même temps que l'assignation sur les dérives du modèle de franchise mis en place par le bon géant.

Et l'assignation contre le bon géant se retrouva dans le grand chaudron à brûler les mauvaises nouvelles.

Moralité : les raisons du commerce sont toujours les plus fortes.

Comme le disait Napoléon Bonaparte : « Le commerce unit les hommes, tout ce qui les unit les coalise, le commerce est donc essentiellement nuisible à l'autorité. » Nous ajouterons que dans un monde sans autorité politique, le commerce EST l'autorité, devant laquelle les gouvernements se plient. L'économique fait loi.

Si nous n'avions pas peur d'enfiler des perles et d'asséner des évidences, nous pourrions, en convoquant à nouveau Jean de La Fontaine, ajouter que « la raison du plus fort est toujours la meilleure ».

Nouveau proverbe qui s'adapte, comme un gant de velours sur une main de fer, à la manière dont Carrefour traite ses fournisseurs.

Chapitre 4
Les fournisseurs : centrale nucléaire du groupe

« Si nous ne sommes pas d'accord sur tout, nous ne sommes d'accord sur rien ! »

Les fournisseurs de Carrefour sont avec les franchisés les deux figures d'une même pièce. Une pièce qui permet au groupe de gagner à pile ou face à tous les coups. La philosophie est assez simple, pour ne pas dire rudimentaire : faire payer au fournisseur et au franchisé une grande partie des coûts de l'enseigne.

Le système français de la grande distribution est très concentré. Ses parts de marché sont réparties de la manière suivante[1] :

ENSEIGNES	**PARTS DE MARCHÉ EN %**
LECLERC	22,5 %
CARREFOUR	19,8 %
INTERMARCHÉ	15,9 %
SYSTEM U	11,6 %
AUCHAN	9 %
LIDL	7,8 %
CASINO	7 %
ALDI	2,8 %

1. *Pour l'éco*, article du 9 novembre 2021.

Comme on peut le constater, les trois premiers représentent 58,2 % du marché, autant dire qu'aucun fournisseur n'est en mesure de se passer de ces trois mastodontes de la distribution. Pour le cas qui nous intéresse, Carrefour, il s'agit d'un marché de quasiment 20 %.

Dans ces conditions, il est facile de comprendre que toute négociation pour un fournisseur commence dans une position de faiblesse. Bien sûr, quelques-uns inversent la tendance, comme Coca-Cola, Lego, Playmobil ou Nutella, dont l'enseigne de distribution ne peut se passer. Mais ces enseignes ne constituent pas la majorité du genre.

Carrefour, un client qui s'impose et… s'impose

Pour le client, le roi, celui qui a toujours raison ou, selon l'hôtelier suisse César Ritz, « qui n'a jamais tort », faire entendre sa voix, ses désirs, ses attentes est un prérequis, un postulat incontestable dans les lois du commerce. Le vendeur doit se plier aux « bougonneries », aux énervements, à la colère, à la mauvaise foi, voire aux mensonges de celui qui lui achète son produit. C'est une règle de base pour garder et fidéliser son cheptel de consommateurs.

Consommateur qui se trouve aujourd'hui protégé par toute une batterie de mesures comme le droit de se rétracter sous sept jours, de se faire rembourser en cas d'insatisfaction, d'avoir le droit à une transparence en matière de hausse ou de baisse des prix, etc. Nous sommes bien loin du *caveat emptor* cher au vieux commerce, « que l'acheteur soit vigilant ».

Pour ses fournisseurs, Carrefour *est* un client. Un client roi, empereur et tyran.

« Qu'ils me haïssent pourvu qu'ils me craignent ! » De la bouche de l'empereur Caligula ou de celle des responsables franchiseurs de l'enseigne trois couleurs, pareil axiome produit les mêmes résultats.

Mauvaises conditions dans des conditions mauvaises

Ainsi, pour l'immense majorité des fournisseurs, le rendez-vous dans le petit bureau des négociations ressemble bien souvent au passage sous les fourches Caudines (*Furculae Caudinae*) quand les Samnites humiliaient les Romains au cœur même de l'Italie, au IVe siècle avant J.-C.

Cela dit, Carrefour n'est pas un client comme un autre puisqu'il représente 20 % du marché. C'est donc pour lui un levier considérable face à un fournisseur qui voudrait jouer la forte tête.

Cette position très confortable va lui permettre d'inventer, comme ses concurrents du reste, un nouveau statut : celui du client qui a quelque chose à vendre. Acheter le produit du fournisseur, soit, mais à la condition *sine qua non* que celui-ci, en retour, achètera également son produit… produit qu'il appellera « des services ». Pour parvenir à ses fins, Carrefour va user de méthodes pour le moins « originales » qui pourraient rappeler quelques tortures mentales à la chinoise, raffinées et efficaces : un rendez-vous annulé au dernier moment ou honoré avec deux heures de retard afin de mettre le fournisseur dans les conditions du pigeon à la cocotte-minute. Il n'est pas rare que « l'oiseau » entre dans une pièce surchauffée en plein été ou sans chauffage en plein hiver où il aura tout loisir de s'asseoir sur une chaise trop basse, voire cassée.

Une fois correctement mal installé, il s'apercevra que la prise de courant pour brancher son ordinateur est inaccessible et qu'il devra faire l'impasse sur sa démonstration PowerPoint qu'il peaufine depuis des semaines. Bref, les trouvailles sophistiquées sont sans limites et toutes les techniques basiques de déstabilisation, parfaitement rodées, sont mises en œuvre. Les négociateurs Carrefour sont sans scrupule, leur rôle étant d'abord de soutirer le maximum de marge dans la transaction, donc de faire baisser au mieux le prix du produit fournisseur, ensuite de vendre des prestations. Le montant de ces dernières sera calculé sur un pourcentage du chiffre d'affaires… non pas du bénéfice, mais du chiffre d'affaires ! Voilà déjà un premier Charybde qui annonce un beau Scylla.

« Tomber de Charybde en Scylla », autrement dit, aller de mal en pis, une métaphore qui se file à merveille quand un fournisseur de la grande distribution tombe dans les filets d'une négociation déséquilibrée.

Déséquilibre que le négociateur Carrefour va marteler. Et quand un distributeur qui pèse 90 milliards de chiffre d'affaires dit certaines choses, le fournisseur qui ne pèse rien l'écoute.

Fort de son sentiment de supériorité, voire d'impunité commerciale, le négociateur va user de son pouvoir jusqu'à déconsidérer son interlocuteur, voire l'humilier. Le fournisseur doit alors trouver des ressources en lui pour ne pas se braquer, se lever et partir. La négociation, aussi injuste soit-elle, doit aboutir coûte que coûte ou… « quoi qu'il en coûte ».

Une fois le prix baissé au maximum, le négociateur n'en reste pas là. L'étrillage n'est pas complet. Il va aborder l'importance du traitement du produit et de l'obligation pour le fournisseur de requérir à certaines offres conseillées… conseillées, mais plutôt obligatoires: « Il serait dommage de ne pas donner sa chance au produit. »

Effort de guerre pour guère d'effort

Car si le fournisseur désire que son produit soit l'objet de toutes les attentions, il faut le mettre au cœur d'un dispositif adapté, comme les têtes de gondole qui trônent au début des allées, prévoir sa présence privilégiée dans le catalogue Carrefour, puis un accès permanent aux statistiques de vente, bref, il est indispensable de posséder tous les outils pour mettre le produit en valeur. « Ne vous inquiétez pas, le prix de la prestation sera calculé sur le pourcentage du chiffre d'affaires. »

La belle affaire! En effet, le fournisseur n'a aucune raison de s'inquiéter… surtout s'il ne veut pas gagner d'argent. Il est entre de bonnes mains.

Pour les plus rétifs, le négociateur Carrefour va mettre l'accent sur le nombre grandissant de magasins qui s'ouvrent partout et faire miroiter à sa « victime » un rayonnement évolutif et gagnant. On comprend mieux pourquoi il est si important pour l'enseigne de développer de plus en plus rapidement la franchise qui grandit vite et coûte peu, tout en servant d'appât aux fournisseurs. Le nombre de mètres carrés de surface de vente sert de mode de calcul.

Cette « coopération commerciale » va se révéler ruineuse pour le producteur puisque le seul objectif du groupe est de lui faire payer une grande partie de ses coûts.

Les propositions publicitaires de l'enseigne pourraient éventuellement se concevoir si elles reposaient sur du concret. Or, nous allons voir que tout cela est bâti sur du vent. Un vent qui souffle des propositions nébuleuses et invérifiables.

« C'est pas nous, m'sieur le juge ! »

Il convient d'ajouter, pour être tout à fait honnête, que l'enseigne nie tout recours à ce genre de pratiques. Les séances de négociation se passent dans la plus grande transparence, dans le respect d'autrui et dans les lois bienveillantes du commerce.

Chaque année, à la reprise des négociations, c'est en connaissance de cause et en tout altruisme que les fournisseurs rognent drastiquement sur leur marge et acceptent des packagings publicitaires hors de prix. Peut-être même que ce sont les fournisseurs eux-mêmes qui l'exigent dans le souci de plaire à leur client-roi.

Cependant, le témoignage suivant pourrait servir de bémol dans cette partition commerciale qui se voudrait pastorale. Il s'agit d'un fournisseur qui a choisi de témoigner en gardant son anonymat.

> *« En vous parlant, je prends des risques. Des risques pour moi, pour ma société, pour mon personnel. Mais si je ne parle pas, la situation restera dangereuse aussi. Si personne ne bouge, ces pratiques mafieuses vont générer des tragédies. Travailler avec une centrale d'achat, c'est se laisser imposer 20 % de frais d'entrepôt, une remise globale sur l'ensemble de mes produits*

pouvant aller de 15 à 30 %. En gros, alors que je dois vendre un produit 5 euros, je le vends à 3 euros, ce qui équivaut presque au coût de fabrication. Et tous les ans, on se remet à la table des négociations. »

Voici un exemple de dialogue enregistré secrètement entre ce fournisseur et son acheteur.

> « — *Si ça se trouve, on ne signera pas ensemble.*
> — *D'accord. Mais je ne peux pas, à votre demande, baisser mes tarifs de 3 % sans avoir de contrepartie. Vous ne me proposez que le maintien des volumes, donc je perds de la valeur. Et je ne peux pas prendre une telle décision qui va mettre ma société en danger.*
> — *Vous savez, c'est pour tous pareil. Tous les fournisseurs ont des salariés…*
> — *Mais combien ne s'en sortent pas ?*
> — *Je ne peux rien y faire. Si vous n'acceptez pas de baisser de 3 %, je vous retire la moitié des produits de notre référencement. Ce sont nos conditions ou rien !* »

À l'issue de cette « négociation », le chef d'entreprise, ne trouvant pas de terrain d'accord, a perdu 10 % de son chiffre d'affaires annuel.

En 2022, ce sont 2,3 milliards de baisse tarifaire qui ont été obtenus sur les fournisseurs… Et Carrefour représente 20 % du marché. À bon entendeur…

Pour continuer à apporter de l'eau à ce moulin producteur de mauvaise farine et montrer qu'il ne s'agit pas là d'un témoignage isolé d'un fournisseur en colère pour de mauvaises raisons, voici le résumé d'un arrêt de la cour d'appel de Paris en 2015 dans le cadre d'une assignation portée par le ministère de l'Économie à l'encontre de Carrefour Hypermarché, suite à une plainte déposée par seize fournisseurs.

Arrêt de la cour d'appel de Paris en 2015
Représenté par M. S., membre des DIRECCTE

> « *Dans le cadre d'une enquête nationale portant sur les conditions de mise en œuvre de la loi en faveur des petites et moyennes entreprises, la Direction Générale de la Concurrence, de la Consommation et de la Répression des Fraudes a examiné les contrats conclus entre les groupes de la grande distribution et leurs fournisseurs (DGCCRF). […]*
> *Selon le ministre de l'Économie, de l'Industrie et de l'Emploi, le groupe Carrefour a bénéficié de rémunérations manifestement disproportionnées eu égard à la valeur des services rendus, voire ne correspondant à aucun véritable service. […]*
> *C'est dans ces conditions que le ministre de l'Économie, de l'Industrie et de l'Emploi a assigné la société Carrefour Hypermarchés. Il demandait de prononcer la nullité de la clause relative à la rémunération des contrats de service conclus avec seize sociétés/fournisseurs. […]*
> *Il a été considéré que la prestation "Communication d'un plan d'implantation des produits par type de rayon" ne correspondait à aucun service commercial rendu ; quant aux deux autres services, "plan d'action par famille de produits" et "plan de développement*

des performances des fournisseurs", il a été considéré qu'ils avaient donné lieu à une prestation globale et à une rémunération disproportionnée par rapport aux services rendus. [...]
Ces prestations ne peuvent en aucun cas justifier les rémunérations substantielles attribuées à Carrefour. [...]
Considérant ainsi que les sommes devant être restituées sont établies en tenant compte de l'évaluation faite des services rendus et des rémunérations versées sans contrepartie réelle au titre du service "Communication d'un plan d'implantation des produits par type de magasin"... [...]
Par ces motifs,
La cour ordonne la restitution par la société Carrefour Hypermarchés entre les mains du Trésor Public qui les reversera aux fournisseurs concernés des sommes indûment perçues au titre des accords de partenariat :
SAS Bresse : 33 606,62 euros,
SAS Saclà Italie : 956 340,86 euros,
SAS Papeterie Hamelin : 1 322 599,04 euros,
SAS Walchi : 77 448,73 euros,
SAS La Toque Angevine : 1 647 832,62 euros,
SAS Conserverie de Provence : 2 991 757,68 euros,
SARL Rana France : 2 775 966,61 euros,
SAS Michel Coudène : 107 882,45 euros,
SA MHHP Productions : 102 119,27 euros,
SAS Agis : 1 583 517,96 euros,
SA Compagnie Méditerranéenne des Cafés (Malongo) : 2 051 939,73 euros,
SAS Valade : 265 826,34 euros,

SAS Erdeki : 533 012,34 euros,
SAS Arnaud : 827 947,58 euros,
SAS La Fournée Dorée Lorraine : 858 265,44 euros. »

Comme on le constate, Carrefour ayant fait appel d'une décision en première instance, se voit condamner à rembourser 16 136 063,27 d'euros indûment perçus.

Une condamnation ponctuelle qui ne remettra pas en cause le *modus operandi* de l'enseigne en ce qui concerne le traitement des fournisseurs. Cette condamnation isolée n'aura aucune conséquence sur les pratiques de l'enseigne qui, en continuant de tordre le bras des fournisseurs réalise des profits dépassant largement la sanction prononcée.

Pour l'anecdote, la même cour d'appel relèvera au sujet de la même affaire : « Qu'en réalité, le groupe Carrefour est constitué d'une véritable nébuleuse de sociétés dont les liens apparaissent d'une grande opacité. » En matière de transparence, à nouveau, le groupe Carrefour s'impose comme le champion.

Délit de marchandage

S'ajoute à ce type de négociations outrancières, où la déontologie et l'éthique commerciale n'ont pas cours, une autre forme de chantage, celle que l'on nomme le délit de marchandage. La pratique est assez simple, courante et parfaitement illégale... Elle consiste à demander au fournisseur de venir mettre lui-même ses produits dans les rayons de l'enseigne, de mettre à disposition son propre personnel pour approvisionner le magasin tôt le matin avant l'ouverture. Prestation fortement conseillée qui, bien sûr, n'est ni contractuelle ni rémunérée. Cela permet, d'une part, d'user d'une main-d'œuvre gratuite, d'autre part, de pousser au « dégraissage » du personnel.

> *« Une fois que le client est allé au plus bas du prix sur le produit, que lui reste-t-il comme levier sur son fournisseur pour améliorer sa marge ? C'est de changer l'organisation interne, comme la masse salariale ou l'organisation des magasins. Il ne va pas hésiter à demander aux petits producteurs locaux de tenir les rayons. Parfois, je viens tôt le matin avant l'ouverture, je rentre par l'entrée du personnel et je vais mettre mes propres produits en rayon. Bien sûr, c'est un service qui n'est pas facturé. L'utilisation des prestataires permet à l'enseigne de libérer son propre personnel. Mes commerciaux passent 40 à 50 % de leur temps à mettre les produits en rayon. C'est la double peine. Pendant qu'on fait ça, on ne recherche pas de nouveaux marchés. En gros, je finance de la main-d'œuvre pour l'enseigne. C'est le service plus, le service gratuit. Ce sont des pratiques courantes. On le fait et on se tait, sinon le produit sort des magasins. »*
> Étienne, chef d'entreprise

On pourrait croire à la lecture de toutes ces coercitions commerciales que la barque bien pleine du fournisseur est sur le point de déborder, qu'une simple goutte d'eau supplémentaire suffira à faire chavirer le frêle esquif de la victime, mais c'est sans compter sur les formidables trésors d'ingéniosité déployés par le franchiseur pour charger encore un peu plus.

Ici, on ne compte pas son temps pour gagner son argent. Après les heures de bureau, il y a les airs de bourreau !

L'affaire des tomates : un mauvais plant !

En ce début d'année, un autre scandale a éclaté dans le Gard. Un producteur de tomates cerises de Fourques, séduit par l'image de Carrefour qui, dans ses nombreuses communications, se veut « proche du producteur », a sauté le pas.

En 2021, Hakim, patron de la société Nature & Bio, signe un contrat avec Carrefour pour une commande de 40 tonnes de tomates cerises. Tout se passe sans accroc, le produit bio plaît et se vend bien. En 2022, nouveau deal. Hakim propose de passer à 90 tonnes, mais Carrefour qui a sans doute ses yeux de Gorgone plus grands que son ventre d'ogre en demande 350 tonnes ! Le producteur est conscient de l'enjeu et de la difficulté de l'exercice, mais il accepte la transaction. C'est une occasion trop belle à saisir. C'est alors un cas d'école : pour fournir, il abandonne provisoirement ses contrats avec les autres fournisseurs, augmente ses emprunts afin de doubler ses équipes de saisonniers, et acheter tout ce qu'il peut en semence, puis il se lance corps et âme dans la production. Fin 2022, tout est prêt et Carrefour commande… 23 tonnes ! qui s'accompagnent d'un chèque de 120 000 euros en lieu et place de celui de 1,75 million, espéré par le producteur. Résultat des courses, Hakim se retrouve avec une dette bancaire de 700 000 euros et un stock de tomates cerises de 327 tonnes « bon » à détruire. Le producteur est ruiné.

> *« La chambre d'agriculture ne peut rien pour moi. J'ai dû vendre mon tracteur, les impôts nous tombent dessus et on va devoir quitter notre maison. Les grandes enseignes se servent des agriculteurs français pour vendre. On est une image. Mais après elles vont acheter à l'étranger. »*

Dans un premier temps, le tribunal de Tarascon se déclare incompétent et renvoie l'affaire au tribunal de commerce de Caen où se trouve le siège de Carrefour. Hakim assigne donc en référé au tribunal de commerce, la société Interdis qui gère la centrale d'achat pour Carrefour.

L'avocat de Carrefour va prétendre qu'il s'agit d'une « erreur de plume » ! On parle pourtant de tomates !

> *« Les reproches faits par le fournisseur sont infondés. En aucun cas la négociation n'a porté sur cette quantité de 350 tonnes. Il n'aurait d'ailleurs pas été en mesure de nous les fournir. »*

Une assertion bien audacieuse de la part de l'avocat de la défense, car elle contredit la convention de partenariat signée avec Nature & Bio qui stipule clairement que les volumes prévisionnels pour l'année 2022 sont de 350 tonnes et qui est signée par le responsable *sourcing* fruits et légumes.

> *« Nous aurions signé un contrat de 350 tonnes sans être capables de les fournir ! Dans quel but ? Celui de leur payer des pénalités et d'avoir plus de dépenses que de recettes ?! »*

	Année	Rayon	Code Fournisseur	Code regroupement BCP
n° (un seul chiffre par case)	2 2	2 2	8 4 7 8 3	0 2

FOURNISSEUR : NATURE & BIO
boussad.aliouane@terramaterre.fr
Sourceur : Julie MAHMOUN

ANNEXE 12 – VOLUMES PREVISIONNELS

Les volumes prévisionnels de produits pour l'année 2022 sont les suivants 350 T

Les volumes prévisionnels de produits seront revus pour chaque année suivante (N+1), au plus tard le 30 novembre de l'année N.

Dans ce document officiel en annexe du contrat, on lit clairement le montant de la commande prévisionnelle : 350 tonnes.

Quant à répondre du fait qu'il s'agirait d'une commande trop élevée, ce n'est pas crédible car, sur la première page du contrat, Interdis a coché les cases de toutes les enseignes du groupe Carrefour n'en laissant aucune de côté (voir le document ci-dessous). Cela signifie que les tomates étaient achetées pour tous les magasins soit un peu plus de 5 700 points de vente. Il n'y a donc aucune erreur concernant le tonnage défini par Interdis. Pour fournir les hypers, supers, proximité, E-commerce et Promocash, de telles quantités sont tout à fait normales.

LA SOCIETE INTERDIS
Ou toute société du groupe Carrefour détenue à 100% qu'elle se substituerait,
Société en nom collectif au capital de 56 000 euros dont le siège est ZI Route de Paris 14 120 Mondeville
Siret : 421/ 437/ 591/ 00025 RCS : 421 437 591CAEN N° TVA Intracommunautaire : FR/41/421/437/591

Périmètre de la convention:

Enseignes du groupe Carrefour *(cocher les enseignes concernées)*
☒ CARREFOUR ☒ CARREFOUR MARKET/MARKET ☒ CARREFOUR CITY ☒ CARREFOUR CONTACT ☒CARREFOUR MONTAGNE ☒ CARREFOUR EXPRESS ☒ SUPECO ☒ 8 à HUIT ☒ PROXI ☒ PROXI SERVICE ☒ PROMOCASH ☒ DRIVE ☒ Tous les sites internet du groupe Carrefour et ☒ toute autre enseigne exploitée par le groupe Carrefour ou un entrepôt dédié au groupe Carrefour ,
Etant précisé qu'INTERDIS agit pour son compte et/ou pour le compte de toute entité juridique en France exploitant un magasin sous l'une ou l'autre des enseignes susvisées ou un site internet

Interlocuteur commercial: Julie MAHMOUN
Tél. : 05 61 15 20 16 ou 06 76 82 55 68
Fax : 05 61 15 28 91 E- mail : julie_mahmoun@carrefour.com
N° tél. astreinte Qualité : 06 07 37 52 11

Toute correspondance relative aux traitements administratifs des ristournes/services est à adresser à : CommunicationFournisseur@carrefour.com
Ci-après dénommée « le DISTRIBUTEUR»

FOURNISSEUR : NATURE & BIO
Forme sociale : **SARL**
Au capital de **30 000** euros
Dont le siège social est à **175 rue du soulanet 13200 ARLES**
Immatriculée au RCS de **TARASCON** sous le numéro **847 655 065**
PDG/Gérant : ALIOUANE BOUSSAD
Responsable commercial fournisseur: ALIOUANE BOUSSAD
Tél. : 07 84 12 35 83 ou 07 84 12 35 83
Fax : E- mail : boussad.aliouane@terramaterre.fr
Responsable qualité : ALIOUANE BOUSSAD N° tél. Urgence en cas de crise : 07 84 12 35 83
Responsable Consommateur : .... E-mail : ....
Adresse postale : 175 rue du soulanet 13200 ARLES
Adresse de facturation : 175 rue du soulanet13200 ARLES
N° Siret : 847 655 065 000 13 N° TVA Intracommunautaire : FR15 847 655 065
Numéros de TVA intracommunautaire utilisés par le Fournisseur pour sa facturation dans le cadre de cette convention :
- Numéro en France : FR15 847 655 065
- Numéro(s) en Europe : FR15 847 655 065

Actuellement, les autorités compétentes sont chargées de ce dossier afin de régler au mieux ce flagrant délit de mensonge.

Ce n'est pas encore une révolution, Sire, mais c'est une révolte !

Dans ce jeu pervers où les fournisseurs n'osent pas se rebeller, deux exceptions vont surgir, deux voix discordantes, deux sociétés au bout du rouleau. Écrasées par le coût des prestations de service, elles vont refuser de payer l'écot, car elles ne peuvent pas prendre le risque de vendre à perte. La réponse du berger Carrefour aux deux bergères licencieuses ne se fait pas attendre. C'est le déréférencement ! Typex intégral !

Nous le redisons : aucune négociation, aucune entrée en référencement n'est possible sans l'obligation de souscrire à des contrats de prestations de service vendus par Carrefour.

Les deux sociétés qui nous intéressent pour l'exemple sont Sacca, une entreprise d'outillage, et Salins du Midi, une grande compagnie de saliniers européens. Au moment du clash, ces deux sociétés étaient fournisseurs de Carrefour depuis plus de trente ans, avalant, année après année, des couleuvres de plus en plus onéreuses. À l'exercice 2007-2008, pour les Salins du Midi, le montant des prestations de service était monté à 46 % de son chiffre d'affaires annuel !

Lorsqu'ils décidèrent d'arrêter d'aborder la question délicate de prestations trop chères qui ne correspondaient à rien de tangible, Carrefour n'a pas jugé utile d'entendre leurs doléances et a mis en place sa principale mesure de rétorsion : le déréférencement intégral.

S'en sont suivies deux procédures judiciaires où les deux fournisseurs ont demandé des dommages et intérêts au titre de la rupture brutale des relations commerciales d'une part, et une remise en cause de la coopération commerciale et donc des prestations de service, d'autre part.

Ces deux dossiers ont donné lieu à deux arrêts de la cour d'appel de Paris des 18 novembre 2009 (Sacca) et 19 janvier 2011 (Salins du Midi), arrêts défavorables pour le groupe Carrefour.

Pour Sacca, quitter ce jeu de dupes fut une décision difficile, pour ne pas dire suicidaire, puisque Carrefour représentait plus de 50 % de son chiffre d'affaires. L'arrêt des relations conduira l'entreprise d'outillage, vieille de cinquante ans, au dépôt de bilan et à la liquidation judiciaire.

Arrêts sur image

Les termes de ces arrêts sont éloquents sur l'analyse faite par la justice de la coopération commerciale et des prestations de service « vendues » par Carrefour aux fournisseurs.

La cour d'appel souligne le fait que si un fournisseur veut être référencé par Carrefour, il doit obligatoirement conclure des contrats de coopération commerciale, qu'il s'agit d'une obligation et que l'un ne va pas sans l'autre. En d'autres termes, si le fournisseur veut voir ses produits installés dans les magasins du groupe Carrefour, il doit payer des prestations de service qui lui sont imposées par le groupe.

La cour d'appel relève que ces prestations de service aux fournisseurs sont « très imprécises » et « qu'il résulte de cette imprécision, avec utilisation d'un jargon pseudo-commercial sans signification réelle, que ces contrats sont, sinon totalement dépourvus de cause, du moins gravement déséquilibrés ».

Les prestations visées par ces propos sont par exemple les « mises en avant de produits », la « présentation et diffusion des techniques de micromarketing », le « plan d'achat bonifié », etc.

En ce qui concerne la présence des produits des fournisseurs dans les catalogues de Carrefour, la cour estime que « l'impact de telles prestations est nécessairement très limité ; que les catalogues – au demeurant de qualité médiocre – n'indiquent même pas la marque des produits Sacca ».

La cour souligne le caractère délirant des rémunérations versées au groupe Carrefour pour ces prestations de service qui, pour mémoire, sont calculées non pas sur le bénéfice effectué par le fournisseur au titre des ventes réalisées dans les magasins du groupe Carrefour, mais sur le chiffre d'affaires réalisé dans les magasins Carrefour, ce qui est tout simplement inacceptable en termes de quantum de rémunération !

Ainsi la cour relève-t-elle que la rémunération globale des prestations de service pour Sacca représente 30,15 % du chiffre d'affaires en 2002, « plus 10 % pour un mystérieux développement et diffusion des techniques micromarketing », pour passer en 2003 à 36,15 % du CA, « dont 25,5 % pour la seule communication d'un plan d'implantation des produits par type de magasin, ce qui n'est pas réaliste ».

Dans un autre exemple, la cour relève un taux de 14 % pour une seule prestation de service que la cour qualifie ainsi : « pour un très obscur conseil à l'élaboration d'un plan promotionnel… »

Les mêmes constats sont faits par la cour d'appel dans le dossier des Salins du Midi. La cour relève que les prestations de service sont « peu clairement définies » sachant que pour ce fournisseur le taux global des prestations de service a atteint en moyenne un taux record de 46 % du chiffre d'affaires réalisé avec les magasins du groupe Carrefour !

Considérons néanmoins que pour ces deux dossiers un peu chauds, la cour n'a pas usé de son glaive séculier pour l'abattre sur Carrefour puisqu'elle n'a ordonné que la restitution de 50 % du montant des prestations réglées par ces deux fournisseurs.

L'enseigne aura moins de chance au tour suivant.

Des bijoux qui coûtent cher

Pour enfoncer le clou de ce spectacle affligeant, ajoutons l'histoire de ce troisième larron entré dans cette foire aux larcins : Valensi. Il s'agit d'un fournisseur de bijoux qui fut partenaire de Carrefour pendant vingt-trois ans et notamment à l'origine de la mise en place des « *manèges à bijoux* » dans les hypermarchés du groupe. Comme les deux fournisseurs précédents, Valensi a fortement contesté les montants arbitraires des prestations imposées. Les mêmes causes ayant souvent les mêmes effets, l'entreprise de joaillerie s'est vue déréférencée… *Exit* des rayons Carrefour.

Le point intéressant de ce dossier est qu'il met en lumière l'escalade himalayesque du montant des prestations. En 1992, elles représentaient la somme de 59 000 euros. Dix ans plus tard, elles étaient passées à 351 000 euros. Avec un accélérateur de cette qualité, Ferrari n'a qu'à bien se tenir !

Cependant, cette fois, le radar de la justice va flasher le contrevenant.

Le 24 mars 2011, devant la cour d'appel de Paris, Carrefour est condamné à restituer, non pas 50 %, mais l'intégralité des sommes englouties.

Citons la partie la plus significative de l'arrêt :

> « *L'absence d'identification des services rémunérés et le caractère totalement disproportionné de ces rémunérations par rapport aux quelques documents produits par les sociétés Carrefour pour justifier de la réalité des prestations fournies (catalogues, publicités) démontrent*

> *le caractère quasi inexistant de ces services et la mise en œuvre de ce qu'on appelle les "marges arrière" imposées par la grande distribution à ses fournisseurs.* »

Carrefour est condamné à restituer la somme de 1 293 000 euros.

Un coup de lance bien porté, certes, mais qui ne semble pas pour autant déclencher chez Carrefour une prise de conscience qui ne modifiera aucunement ses contrats et ses pratiques pour la simple et bonne raison que sur des milliers de fournisseurs lésés, seule une poignée d'audacieux oseront risquer un procès à l'encontre du bon gros géant.

Une mauvaise affaire vaut-elle mieux qu'un bon procès ?

C'est véritablement la question que l'on peut se poser lorsque l'on constate l'inertie du milieu au sujet de ces pratiques commerciales connues de tous ; les montants exorbitants exigés par Carrefour contre des prestations fantômes ou squelettiques pour le mieux, sont un secret de polichinelle. Pourtant personne ne bouge, pas plus les victimes que les pouvoirs publics. Les quelques courriers de fournisseurs anonymes adressés au pouvoir politique sont restés lettres mortes.

Serait-ce à dire que le lobby de la grande distribution est en mesure de dicter sa loi, ses lois au personnel politique et de faire plier l'ensemble des acteurs du marché ?

Oui, car de tous les côtés où l'on tourne les yeux, les partenaires baissent la tête et même la victoire des trois fournisseurs courageux que sont Sacca, Salins du Midi et

Valensi ne donnera pas le *la* pour accorder l'orchestre de la révolution.

Il est vrai que l'entreprise Sacca, dont le chiffre d'affaires était pour moitié réalisé chez Carrefour, n'a pas survécu à son départ de l'enseigne.

Donc pour beaucoup, la réflexion est simple : oui, une mauvaise affaire vaut mieux qu'un bon procès ! Preuve est faite par les tribunaux.

Le chevalier blanc a-t-il les mains sales ?

L'enseigne aux flèches rouge et bleue se présente comme le chevalier blanc du commerce, défenseur du pouvoir d'achat des consommateurs. La grande distribution, Carrefour en tête, se porte garante d'un contrôle des prix mesurés pour le bien-être du client et la pérennité de son pouvoir d'achat. Comme Jules César qui, pour entrer au sénat romain, se crée dans *La Guerre des Gaules* un ennemi à sa mesure, Vercingétorix, Carrefour a besoin d'un diable, d'un bouc émissaire, d'un responsable de tous les maux du commerce… Ce Vercingétorix à qui il faut faire rendre gorge s'appelle *Le Fournisseur* ! C'est lui le grand coupable, lui qui donne des coups de boutoir dans l'armée Carrefour en demandant des hausses de prix extravagantes ! *Le Fournisseur* est âpre au gain ! Il veut s'enrichir sur le dos du consommateur.

Bien sûr, le chevalier blanc se garde bien de parler des prestations de service exorbitantes qu'il impose aux « Gaulois réfractaires » qui vont devoir *in fine* augmenter leur prix pour ne pas déposer définitivement les armes aux pieds de César.

Dans son désir paroxystique de gagner une marge de plus en plus grande en pratiquant une pression de tous les instants sur l'ensemble de ses partenaires, Carrefour contribue en réalité à l'augmentation des prix, tout en expliquant qu'il est le garant du pouvoir d'achat des consommateurs, qu'il est un rempart, une digue insubmersible contre le flux des barbares ! Vieille technique qui a fait ses preuves que d'agiter la main gauche du cœur et de l'altruisme, tandis que la main droite étrangle le cou des dindons farcis ! Comme le contribuable étrillé, le grand perdant de ce jeu capitalistique reste le consommateur.

Une fois encore, si d'aucuns doutaient des méthodes de Carrefour, le sujet suivant devrait les convaincre du bien-fondé de notre propos, car c'est avec le scandale de la RCD que Carrefour va montrer son plus beau profil.

Une épine dans la botte : la remise complémentaire de distribution

Avec le dossier de la RCD, la remise complémentaire de distribution, nous atteignons des sommets dans le machiavélisme commercial. Un machiavélisme où le prince Carrefour, garant de tous les pouvoirs qui ne lui sont pourtant conférés par aucune instance officielle, va imposer de nouvelles mesures de rétorsion pour les fournisseurs qui ne se plieraient pas à ses exigences toujours plus gourmandes.

Dia, début de la spirale

C'est en 1979 que le groupe Promodès crée la chaîne de hard-discount Dia (*Distribuidora Internacional de Alimentación*) pour l'Espagne. Après la fusion avec Carrefour en 1999, les magasins de super-discount ED (l'Épicier Discount) seront progressivement remplacés par cette nouvelle enseigne.

En 2011, Carrefour cède cette filiale hard-discount au groupe Blue Capital, premier actionnaire Dia, pour une bouchée de pain. Trois ans plus tard, l'enseigne espagnole décide de revendre les 800 magasins qui couvrent le territoire français à… Carrefour. C'est là que le bât blesse.

Ce rachat, décidé par le P.-D.G., Georges Plassat, n'est pas du goût de tout le monde, notamment au sein même du Comex (comité exécutif), dont les membres ne comprennent pas l'intérêt de racheter pour 600 millions d'euros une chaîne de magasins qui avait été lâchée pour une poignée de cerises et qui ne fonctionne pas.

Mais orgueil et vanité se bousculent au portillon de la grande distribution. Jean-Charles Naouri, le P.-D.G. du groupe Casino, concurrent direct de Carrefour, est sur les rangs. C'est alors un concours de « zizis » qui s'opèrent. C'est à celui qui aura le jet le plus long. À ce petit jeu, c'est Georges Plassat qui l'emporte contre l'avis de son propre Comex.

Dia revient alors dans le giron de Carrefour.

Retour sur une catastrophe annoncée

Ces 800 magasins vont rapidement se transformer en Carrefour City, Contact, Express et quelques Market.

Sur ces 800 Dia transformés et relookés à l'enseigne de la double flèche, tous passeront en franchise. Tous les directeurs salariés accepteront de se lancer dans l'aventure ambitieuse de l'entrepreneuriat. Un entrepreneuriat à moindres risques puisque l'enseigne qui va toujours de l'avant surveille leurs arrières !

Le problème est que la clientèle fidèle de ces petits modules de hard-discount n'y retrouve pas son compte. Les prix sont à présent nettement plus chers et les clients vont très vite déserter les magasins. En très peu de temps, 280 espaces seront fermés et 120 autres revendus en urgence à Casino ou à Système U. Une catastrophe économique.

Ce petit concours de bistouquette va coûter à Carrefour la coquette somme de 1,5 milliard d'euros !

Très vite, au sein du Comex, la question de renflouer cette folie se fait jour.

Catastrophe annoncée, mais pas pour tout le monde puisque M. Plassat, qui quittera le groupe le 18 juillet 2017, touchera, au titre de l'exercice 2016, une rémunération frôlant les 10 millions d'euros (*La Tribune*, 10 mai 2017). Comme quoi les erreurs n'ont pas les mêmes conséquences pour tout le monde.

Renflouons le Titanic

La première idée qui apparaît au sein du top 15 du groupe n'est pas particulièrement originale puisqu'elle consiste à continuer le jeu dans lequel Carrefour excelle : faire payer les autres ! C'est cohérent.

L'augmentation drastique des points de vente est un bonus exceptionnel pour les fournisseurs qui vont voir leurs produits s'étaler sur le territoire. Compte tenu de cette évidence, il n'y a aucune raison qu'à leur tour, ils ne « crachent pas au bassinet », comme on dit avec une certaine rudesse campagnarde chez le Normand Guy de Maupassant. L'accès aux petites structures en zone urbaine est difficile pour l'approvisionnement et cela coûte cher. Le Comex décide alors de créer la remise complémentaire de distribution qui sera appliquée à 400 fournisseurs.

En décembre 2015, pour bien préparer les fêtes de Noël, ces 400 « collaborateurs », que l'on peut également appeler « victimes », sont convoqués par le Comex pour que leur soit présentée cette idée lumineuse qu'est la RCD. On y explique que le rachat de Dia est un bienfait pour les fournisseurs, mais que « livrer les petites structures urbaines coûte trop cher ».

On évitera bien sûr de préciser que tous les coûts logistiques sont déjà supportés par les franchisés, mais on n'oubliera pas d'insister sur l'aspect obligatoire de cette nouvelle formule. C'est une affaire de famille, une famille dont les membres doivent se serrer les coudes. Aussi est-il impératif que le contrat RCD soit signé par tous.

Rumeurs et gronde dans l'assistance. Tout le monde n'a pas l'air de considérer cette nouvelle comme une avancée commerciale positive… C'est étonnant ! Des mains se lèvent, des questions se posent…

Les réponses sont claires pour ne pas dire lapidaires : ceux qui ne veulent pas se plier aux exigences de la grande maison ne seront pas à la table des négociations annuelles. C'est un prérequis de Carrefour. Pas de négociation, pas de référencement.

Le couteau entre les dents !

Nous allons vous décrire un document inédit présenté en interne par le Comex de Carrefour. Un document inédit et redoutable sur le *modus operandi* avec leurs partenaires.

Ce qu'ignorent les fournisseurs, c'est le plan d'attaque prédéfini par Carrefour pour les faire tomber dans son piège. Ce plan d'attaque édité en interne est digne d'une mission commando montée en grand secret pour écraser l'ennemi.

Le Comex va mettre au point une stratégie de négociation percutante pour préparer les négociateurs de l'enseigne aux « arguties irrecevables » des fournisseurs.

Ce dossier, subtilement appelé « Typex », sera sous-titré « Rétorsions ». Le ton est donné. La désignation de la mission « Typex » affiche déjà le cynisme du procédé. Tout réfractaire se fera rayer des listes d'un « coup de blanc ».

Pour illustrer le propos, un génie du management a eu comme idée de mettre en couverture du dossier, une photo de Michel Simon avec un couteau entre les dents[2]. L'image est forte, car elle impose dans le cerveau des négociateurs qu'une part d'humanité n'est pas souhaitable. Ce choix n'est pas anodin et profitons-en pour rendre hommage à la culture coloniale dudit manager.

© Agence Alamy

On voit là toute la portée du symbole : il n'est pas question de laisser le pouvoir aux fournisseurs assoiffés d'argent et il faut briser leurs ambitions d'hégémonie commerciale dans l'œuf !

2. Photo tirée du film *Le Vieil Homme et l'Enfant* de Claude Berri, en 1967.

D'aucuns pourraient nous trouver excessifs dans nos propos, mais la liste des rétorsions qui égrènent la stratégie des négociations Carrefour suffira sans doute à convaincre les plus dubitatifs que nous sommes encore des enfants de chœur.

Faire bonne mesure... de rétorsion[3]

Le document remis aux négociateurs pour l'année 2016 est édifiant. Il propose quelques axiomes qui ne feraient pas injure dans le bréviaire du parfait malhonnête homme :

- Quand on est condamné à la dépendance, autant le rendre dépendant de moi.
- Faisons de nos chefs de produit des négociateurs, de nos négociateurs des guerriers, de nos guerriers des croisés !
- Contre l'argument des matières premières qui augmentent, toujours, faire preuve d'autisme.
- On n'est d'accord sur rien, si on n'est pas d'accord sur tout.

Mais ce document de coaching interne digne des meilleures stratégies militaires est surtout constitué d'une série de rétorsions graduées pour mettre le fournisseur à genoux en cas de refus. Cette « pièce du boucher » commence par une série de questions à se poser :

- Que souhaitons-nous faire de ce fournisseur ?
- Quel est notre objectif avec ce fournisseur ?

---

3. Tiré du document de préparation en stratégie de négociation interne, 2016 – Document Carrefour.

- Quel est notre poids dans son business européen ?
- À quoi tiennent-ils le plus ?
- Qui généralement se déplace ?

Des questions que l'on imagine sans mal dans la bouche des amis d'Al Capone durant le briefing précédant le massacre de la Saint-Valentin en 1929.

« Une fois les réponses établies à ces questions, il sera nécessaire de rappeler que la Remise Complémentaire de Distribution est une condition préalable de négociation. » Aussi, enfoncez le clou : « Si vous n'acceptez pas, nous ne pourrons pas avancer ! Et nous vous prévenons que c'est un symbole de *casus belli* chez nous, une déclaration de guerre ! »

Une déclaration qui met tout de suite à l'aise le fournisseur qui se voit là prévenu que la négociation aura lieu en sa présence, mais sans lui. L'objectif du négociateur de Carrefour, on l'a bien compris, c'est d'entendre son avis ou sa proposition avec la voix du fournisseur.

Si les objectifs ne sont pas rapidement atteints, le négociateur devra activer les mesures de rétorsion graduées :

1. *Le représentant du fournisseur se verra refuser l'accès en magasin*
   Un premier tour de vis (de vice) censé attendrir la viande. Dans le cas où cela ne serait pas suffisant, on passe à l'étape suivante :

2. *Fermeture de la GPA*
   La gestion partagée des approvisionnements est une stratégie de réapprovisionnement en continu dont

le but est d'améliorer la disponibilité des produits en linéaire et de réduire les stocks superflus. Le refus à son accès fait du fournisseur un aveugle sans canne ni chien. Malgré cela, s'il n'a pas encore compris, on monte le curseur :

3. *Le déstratage*
   Derrière ce mot barbare, néologisme de circonstance, se cache une action plus barbare encore, celle qui consiste à mettre de côté des produits du fournisseur pour une période qui reste à définir. Une troisième rétorsion qui doit calmer sérieusement les ardeurs belliqueuses du fournisseur. Mais il arrive que des esprits rétifs n'acceptent pas de plier sous la contrainte. On leur propose alors une nouvelle riposte :

4. *La coupure pub*
   Le fournisseur n'aura plus accès aux publicités internes, aux participations catalogue ou aux prospectus. Service généralement payant, certains estiment pouvoir s'en passer. Qu'à cela ne tienne ! On ajoute un degré supplémentaire :

5. *Accès refusé au Drive*
   Le Drive est un service proposé par l'enseigne Carrefour qui permet au consommateur d'être livré chez lui jusqu'à 23 heures. Le fournisseur chafouin verra donc ses produits écartés de ce service. Il restera donc au négociateur pourtant patient d'actionner la dernière rétorsion :

6. *Suppression de référencement dans les hypers*
Cette dernière punition marquera la mort économique du fournisseur dans les rayons de Carrefour. S'ensuivront la rupture des contacts et la fin des discussions sur le référencement.

La mission TYPEX dans toute sa splendeur et sa blancheur !

Le plan de coaching n'oubliera pas de préciser qu'il est crucial de légitimer tout conflit avec le fournisseur. Ici rien n'est gratuit, pas plus les prestations que la façon de les faire admettre. On présentera par exemple un plan de décroissance du chiffre d'affaires, une perte de rentabilité, des retards de décision préjudiciables au bon fonctionnement, des relations dégradées, etc. Tout sera bon pour mettre le fournisseur dans une position indéfendable.

Si par bonheur le fournisseur revient à la raison, c'est-à-dire celle de Carrefour, la signature de l'accord final au niveau attendu par l'enseigne sera un prérequis à la levée des rétorsions

Bref, une fois de plus, le client démontre qu'il a toujours raison.

La revanche des silencieux

Toutefois, dans cette mécanique bien rodée aux rouages parfaitement huilés, un grain de sable va venir gripper la machine. En réalité, une trentaine de grains de sable. Trente rebelles qui parmi les fournisseurs vont se soulever. Oh ! bien sûr, rien de spectaculaire dans un premier temps. Les visages, comme les mots sont couverts, les rencontres discrètes, mais les colères sont bien là. Il est évidemment impossible, dans la situation de dépendance dans laquelle se trouvent les fournisseurs, de constituer une amicale de l'inimitié, un syndicat des mauvais coucheurs ou une ligue anti-malfaiteurs. L'union des fournisseurs est impossible au grand jour, car ils ne peuvent pas prendre le risque de perdre entre 20 et 30 % de leur chiffre d'affaires, en se mettant définitivement Carrefour à dos.

Néanmoins, cette réunion des « 400 » pour faire état de la RCD, est pour beaucoup d'entre eux inacceptable, tant sur le plan financier que sur le plan éthique. Il ne s'agit ni plus ni moins que de chantage et d'extorsion de fonds.

Dans un premier temps, un certain nombre de ces rétifs à la coercition vont en référer à leurs acheteurs habituels qui seront les premiers surpris de certaines réticences. Ces derniers feront néanmoins remonter ces doléances étranges à la direction juridique de Carrefour.

Les mails s'emmêlent

Nous vous proposons quelques échanges de mails qui illustrent parfaitement la prise d'otages commerciale dont sont victimes les fournisseurs.

Un certain monsieur Q.D., commercial de Be to Beer, un grand groupe de bière, répond à son négociateur Carrefour qui vient de lui demander par courriel une réponse rapide concernant la remise complémentaire de distribution de proximité.

> *« Bonjour Monsieur C.*
> *Je fais suite à notre rendez-vous du 15 décembre dernier et à votre demande ci-dessous [mail].*
> *Lors de ce rendez-vous, vous m'avez demandé notre accord sur l'octroi d'une ristourne complémentaire distribution (RCD) de 4,84 % sur le chiffre d'affaires net facturé sur le périmètre Proximité, que vous valorisez à 1 010 960 euros, destinée à couvrir vos frais de redistribution de nos produits dans vos magasins de proximité.*
> *Je vous confirme que cette demande devra être discutée, comme l'ensemble des autres conditions commerciales et du plan d'affaires 2016, lors de nos prochains rendez-vous de négociation commerciale.*
> *La légitimité du versement d'une RCD Proximité devra bien entendu être discutée.*
> *Cordialement »*
> Q.D.

La réponse du négociateur Carrefour ne se fait guère attendre, elle tombe le lendemain dans la boîte de son fournisseur :

> *« Je pensais avoir été clair sur le sujet de la RCD Proxi.*
> *Je vous confirme donc ce qui a été dit en rendez-vous, tout comme ce qui a été dit par le top-management Carrefour lors de la plénière du 02/12 aux différents fournisseurs, dont votre société, où il a été précisé que ce sujet est important, prioritaire, et reste un prérequis avant toute négociation ultérieure.*

> *Le Principe de la RCD pour la Proximité est inscrit dans la stratégie du groupe et est initié par le top-management tout en étant spécifique à chaque fournisseur/industriel.*
> *Cette demande a été faite lors de notre RdV du 15 décembre où je demandais un retour rapide avant la fin de cette année. Il nous est impossible d'attendre votre réponse avant un prochain RdV, c'est pour cela que j'attends de votre part un retour avant la fin de cette semaine.*
> *Cordialement* »
> C.C.

Suite à ce nouveau courrier du négociateur Carrefour – appelé également « guerrier » ou « croisé » dans le jargon de leur propre manuel de déontologie commerciale où l'on perçoit son goût du dialogue unilatéral –, le fournisseur, un peu énervé, se fend d'un nouveau mail où il monte en gamme :

> « *Bonjour Monsieur C.*
> *Après consultation de notre département juridique, il apparaît que, selon la DGCCRF, il est abusif d'imposer une condition préalable à la signature de la convention et qu'exiger l'obtention d'un accord sur cette ristourne avant d'accepter toute discussion sur l'accord commercial peut constituer un moyen de pression abusif caractérisant une tentative de soumission à un déséquilibre significatif au sens de l'article L.442.61 2 du Code de commerce.*

> *Dans ces conditions, pouvez-vous m'indiquer clairement quelle est votre position et si vous refusez d'entamer la négociation commerciale tant que nous n'aurons pas répondu favorablement à votre demande de ristourne complémentaire de proximité.*
> *Cordialement »*
> Q.D.

Malgré un style juridique un peu âpre, on comprend que ça frotte aux entournures et que ledit fournisseur de bière n'a pas l'intention de laisser mousser son client sans faire de bulles !

Cette fois, M. C. commence à s'inquiéter et perd un peu de sa superbe face au service juridique de Carrefour auquel il s'adresse :

> *« Bonjour Sabine,*
> *Ci-dessous un mail de réponse de la part du fournisseur Be to Beer où il parle de moyen de pression abusif... etc. Dois-je répondre par écrit à ce mail ? Et si oui, que dois-je répondre ?*
> *Cordialement »*
> C.C

Cette fois, on sent que ça tremble dans les hauteurs. Cependant, le « pompon » de la réponse revient à un certain Tonio Merdie, le directeur juridique commercial qui reçoit les plaintes en bout de chaîne. Son premier réflexe est sans doute de mettre tout au panier, mais il a cependant l'inconséquence de répondre par mail aux acheteurs :

« Merci de demander aux gars de vos équipes de faire attention à ce qu'ils écrivent sur le sujet (RCD prérequis à toute négo...)
Si certaines choses peuvent être dites à l'oral, pas nécessaire de les formaliser par écrit, lequel écrit risque de circuler et de nous revenir en boomerang. L'Ania[4] *vient d'ailleurs de nous écrire sur le sujet et je sais que la DGCCRF a été saisie.*
On prépare un projet de réponse.
Cordialement »

Comme on le constate... Prudence, élégance, lucidité et... crétinerie ! Une synthèse.

En conseillant de ne pas écrire... tout en écrivant, c'est au mieux un acte manqué de sa part, au pire une preuve d'incompétence. Les deux ne sont pas incompatibles. Assurément, Tonio n'est pas le couteau le plus aiguisé du tiroir.

On note que les courriers cumulés d'un grand nombre de fournisseurs alertent les institutions garantes du droit commercial et que cela commence à souffler dans les huniers du bateau Carrefour.

Descente de police

Toutefois, prudents et craignant l'essorage définitif, les rebelles doublent leur plainte... C'est donc une trentaine de lettres qui seront envoyées aux DIRECCTE, dénonçant les pratiques de Carrefour jugées mafieuses par les fournisseurs.

4. Association nationale de l'industrie alimentaire.

La réponse de Bercy ne se fera guère attendre. Moins de deux mois plus tard (février 2016), le ministère de l'Économie diligente une opération de saisie au siège social de Carrefour à Massy. Une opération d'envergure digne de Philippe le Bel lorsqu'il voulut prendre les templiers dans ses rets. Officiers de police judiciaire, informaticiens, huissiers, c'est toute une armada de professionnels qui débarque dans les locaux du « premier employeur français ». Tout est bouclé, personne ne sort du siège. Les ordinateurs, les téléphones et tous les papiers des responsables du comité exécutif sont saisis. Le soir même, les DIRECCTE repartent avec sous le bras des centaines de dossiers à éplucher. Un travail titanesque que les autorités compétentes mettront neuf mois à boucler.

En novembre 2016, Bruno Le Maire, ministre de l'Économie d'Emmanuel Macron, assigne Carrefour au tribunal de commerce de Paris. Il est demandé que les pratiques commerciales de l'enseigne soient qualifiées de pratiques anticoncurrentielles et requiert une amende de six millions d'euros ainsi que l'interdiction de continuer ce type de pratiques.

Pour Carrefour, c'est un coup dur. L'action chute de 8 %.

Place à la justice !

Pour Georges Plassat, le P.-D.G. du moment, il n'est pas question de laisser planer le doute sur de quelconques malversations commerciales au cœur de son groupe, aussi va-t-il se fendre d'une lettre interne qui montre bien l'homme d'honneur et de rectitude qu'il est.

> *« Une perquisition a eu lieu le 9 février dernier dans les locaux de Carrefour France, à Massy, au sujet de certaines négociations commerciales en cours.*
> *Notre entreprise attache la plus grande importance à l'application de la réglementation en toutes circonstances. Si des manquements étaient avérés, elle tirerait toutes les conséquences et prendrait les mesures qui s'imposent.*
> *Je connais votre engagement pour Carrefour et l'énergie que vous mettez à défendre ses intérêts. Votre mission doit s'exercer dans le respect des textes et de nos principes de loyauté et de transparence. Je vous rappelle qu'aucun préalable ne doit être exigé à l'ouverture des négociations commerciales, nonobstant la légitimité de vos demandes.*
> *J'ai confiance en vous.*
> *Georges Plassat »*

Pour l'anecdote – nous y reviendrons –, Tonio Merdie, le directeur juridique commercial, l'homme au cœur de ce réacteur à vilénies qu'est la RCD, sera durement puni par le directeur prêt à « prendre toutes les mesures qui s'imposent »... Tonio Merdie sera nommé directeur des affaires juridiques monde ! Une belle punition que cette promotion express !

Reconnaissons que si le monde de l'entreprise châtiait son personnel délictueux de cette manière, il n'y aurait plus jamais de demandes d'avancement.

Suite à l'assignation, Carrefour, usant de tous les recours, même légaux, fait traîner le dossier judiciaire, à tel point que la condamnation n'arrivera que cinq ans plus tard, loin du bruit et de la fureur qu'avait déclenchés le scandale de la RCD. Quand le couperet tombe, tout le monde a oublié… Et mieux encore : les 6 millions d'euros réclamés par le ministère de l'Économie tombent à 1,750 million, la justice ayant estimé ce dernier montant comme juste.

Cette défaite de la vanité est en réalité une victoire pécuniaire, la sanction prononcée étant une goutte d'eau dans l'océan des profits réalisés par le groupe à l'égard de l'ensemble de ses fournisseurs.

Quand l'un y gagne, l'autre hyper.

« C'est la faute à Rousseau ! »

Comme le chantait Gavroche dans *Les Misérables* de Victor Hugo, « Je suis tombé par terre, c'est la faute à Voltaire, le nez dans le ruisseau, c'est la faute à Rousseau. » Une petite ritournelle que semble vouloir chanter Alexandre Bompard, le P.-D.G. de Carrefour sur tous les tons du désespoir. Ses interventions dans la presse ou sur les plateaux télé pour faire pleurer dans les chaumières sont édifiantes. Tout est de la faute des industriels qui utilisent l'inflation comme arme d'augmentation massive et qui demandent des hausses tarifaires délirantes.

De le citer :

> *« L'inflation alimentaire, aujourd'hui de 13 %, va se poursuivre et rester à deux chiffres dans les prochains mois. Les industriels demandent des hausses de tarifs délirantes de 20 % alors que les prix des matières premières, des transports et de l'énergie sont désormais significativement à la baisse […] Les hausses subies l'an dernier par*

les industriels ont déjà été prises en compte. Si certaines de leurs demandes sont justifiées, d'autres pas du tout. »

Selon lui, Carrefour est un rempart, une digue que la mer de l'inflation ne fera pas sauter, à condition que « le gouvernement soit aussi prompt que l'an passé, quand les coûts flambaient, à demander une réouverture des négociations, maintenant qu'ils plongent, pour rendre du pouvoir d'achat aux Français ».

Il est vrai que, de plus en plus, les pouvoirs publics tentent de se mêler du niveau des prix en rayon. La loi EGalim de 2018, renforcée depuis par EGalim 2 et 3, avait déjà pour objectif d'améliorer la rémunération des agriculteurs. Plus récemment, c'est la loi Descrozaille qui enfonçait le clou… du spectacle inflationniste.

Le saviez-vous ?

La loi Descrozaille – 30 mars 2023

Cette loi récente, née de l'inquiétude d'une inflation galopante propre à faire chuter drastiquement le pouvoir d'achat des Français, propose de corriger le déséquilibre dans les relations commerciales entre les industriels de l'agroalimentaire et les enseignes de la grande distribution qui ont lieu chaque année dans les box de négociation du 1er décembre au 1er mars afin de définir le juste prix des produits, le montant des commandes et des ristournes éventuelles.

Il s'agit en l'occurrence de combler un vide juridique qui porte préjudice aux industriels. Car si un accord de négociation n'a pas été trouvé après la date butoir du 1er mars, le fournisseur se voit dans l'obligation de livrer aux conditions de l'année précédente même si ses coûts de production ont augmenté.

Pour mettre fin à la pratique de la grande distribution qui consiste à faire pression sur les fournisseurs en ne respectant pas la date butoir du 1er mars, les députés ont augmenté les amendes administratives prévues dans ce cas : à hauteur maximum d'un million d'euros pour les personnes morales et de 200 000 euros pour les personnes physiques. Les sénateurs ont doublé les sanctions en cas de récidive du distributeur.

Pour Alexandre Bompard, tout cela semble être du mercurochrome sur une jambe de bois.

> *« Cette proposition de loi n'a aucun intérêt pour les consommateurs. C'est la dixième loi encadrant les négociations commerciales votée en vingt ans. On légifère de plus en plus, et cela ne va vraiment pas de mieux en mieux. La loi Descrozaille n'a pas d'autre conséquence que la protection des intérêts des grandes multinationales. Elle ne protège pas les agriculteurs puisque la loi EGalim 2 sanctuarise déjà les matières agricoles dans les négociations tarifaires. Carrefour a été le premier à alerter sur le niveau de l'inflation et le premier à prendre des mesures pour accompagner les clients : panier de 30 produits à moins de 30 euros, 100 produits à prix bloqué pendant 100 jours. Nous n'avons pas besoin d'un autre panier anti-inflation qui a le risque d'être technocratique. »*

En revanche, c'est une omerta totale sur la pression que Carrefour fait subir à ses fournisseurs par le biais de ses prestations de service comme on l'a vu précédemment. Jamais Alexandre Bompard n'en fait mention, on le comprend.

L'information ne manquant pas de piquant, nous restituons le courrier que lui a adressé Christiane Lambert, la présidente de la FNSEA[5], à ce sujet en début d'année.

> *« Monsieur le président-directeur général,*
> *Avant même sa mise en œuvre par le gouvernement, la FNSEA constate et dénonce déjà les premières dérives du panier anti-inflation !*
> *Dans votre opération promotionnelle "Défi anti-inflation", Carrefour a fait le choix de proposer à tous les consommateurs – sans même cibler ceux qui en ont le plus besoin –, un panier de produits peu qualitatifs sans origine française garantie, à des prix dérisoires. Pourtant cette seule logique des prix bas nous conduit, comme elle l'a toujours fait, à une destruction de la valeur des produits agricoles et alimentaires, tout en légitimant l'alimentation comme variable d'ajustement du pouvoir d'achat. Ce comportement ne peut mener, à terme, qu'à la perte de notre souveraineté alimentaire, pourtant appelée de ses vœux par le président de la République.*
> *D'une part, nous sommes stupéfaits de la manière dont les prix sont construits dans votre panier. Comment est-il possible de proposer plus de 700 produits issus*

5. Fédération nationale des syndicats d'exploitants agricoles.

de l'agriculture biologique à "moins de 2 euros", alors que la filière traverse une grave crise ? Brader les productions biologiques, dont l'origine n'est pas assurée, n'est pas la solution recherchée par les producteurs qui souhaitent avant tout vivre de leur métier !
Comment est-il possible de proposer de la viande de porc (importée) à un prix trois fois moins cher que celui de l'alimentation pour chien ? Ces prix sont totalement déconnectés des coûts de production à l'amont.
D'autre part, aider les plus précaires comme vous prétendez le faire, doit-il passer par de la pâte à tartiner, des bières, des sodas ? N'y a-t-il pas un certain mépris pour nos concitoyens les plus fragiles à qui vous proposez de la nourriture premier prix, à la liste d'ingrédients parfois très longue et peu compréhensible pour le consommateur, bien loin du produit agricole brut ? La priorité ne devrait-elle pas être de favoriser l'équilibre alimentaire des plus démunis, alors que ces populations ont davantage de difficultés à s'approvisionner en produits frais, bruts, locaux, de saison ?
Quelle lisibilité de la stratégie Carrefour ? Votre enseigne promeut, à la fois, des dispositifs tels que le Planet-Score – en dépit du manque de rigueur scientifique de l'analyse du cycle de vie sur laquelle il repose –, le tout accompagné d'un discours bien-pensant en faveur de la durabilité et en parallèle de telles initiatives avec ce type de produits à prix cassés ! De telles pratiques ne peuvent qu'amener une augmentation des importations, dont certaines ne respectent pas nos normes de production.

Il est évident que le contexte inflationniste que nous connaissons pèse sur tous les Français, en particulier sur les plus démunis, et que des solutions doivent être trouvées collectivement. Mais le dispositif en question doit être construit pour permettre un accès à une alimentation sûre, durable et de qualité pour toutes les populations, et aussi en faveur du maintien de la valeur des produits agricoles et alimentaires : ne créons pas de la précarité dans nos filières agricoles et dans nos entreprises de transformation !
Pour ces raisons, au lieu de déployer de tels dispositifs, la FNSEA vous appelle à la rejoindre sur une politique ambitieuse et efficace en faveur des plus fragiles, et soutenant nos filières et outils de production, en vous mobilisant à nos côtés sur le chèque alimentaire. Ce dernier permet de cibler directement les populations précaires, améliore la qualité et la variété de leur alimentation, sans induire de destruction de valeur dans nos filières.
Christiane Lambert
Présidente de la FNSEA »

La réponse de M. Bompard est très claire dans son désir de ne pas l'être. Un flou peu artistique nimbe sa position :

« *On voit bien les injonctions contradictoires adressées à la grande distribution. Les propos de M*[me] *Lambert sont injustes et infondés : je le répète, depuis EGalim 2, le prix de la matière première est sanctuarisé. Mais il y a surtout une forme de mépris vis-à-vis des Français. Ces dispositifs anti-inflation, nous les avons bâtis avec nos clients, ce sont eux qui nous aident à choisir les produits dont ils ont besoin en priorité. »*

On notera qu'aucune réponse n'est apportée sur la provenance des produits de faible qualité ni sur le risque de perte de souveraineté agricole… Pas plus que sur les conséquences désastreuses que pourrait apporter le fait de brader, à 2 euros, 700 produits issus de l'agriculture biologique.

D'ailleurs, comment est-ce possible? Toute la question est là. Comment l'enseigne parvient-elle à proposer des prix aussi bas? Il faut bien que la marge soit trouvée quelque part…

Alexandre Bompard focalise hardiment ses critiques sur les demandes d'augmentation exorbitantes des fournisseurs, martelant à l'envi le fait que les gros industriels de l'agro-alimentaire sont toujours âpres au gain, que ces fabricants gourmands se doublent bien souvent de financiers assoiffés, trop à l'écoute de leurs actionnaires (ce qui est sans doute vrai), mais il se garde bien d'expliquer la nature profonde de leurs demandes excessives.

Oui, les prix des matières agricoles sont sanctuarisés dans les négociations par la loi EGalim, mais le problème n'est pas là, pas plus que la guerre en Ukraine n'est la justification de l'augmentation du prix du café ou du chocolat.

N'oublions pas les coûts faramineux des prestations de service imposés par Carrefour aux industriels – qui ne sont pas tous, nous le rappelons, des entreprises du CAC 40.

M. Bompard s'exonère un peu vite, par le silence, des négociations sauvages auxquelles sont soumis les fournisseurs par ses équipes de… « croisés ».

Trinquons à l'entente cordiale !

Face aux négociations de moins en moins équilibrées auxquelles sont soumis les fournisseurs, ces derniers vont tenter de jouer leur va-tout. Des courriers discrets, des entrevues sans témoins saupoudrées de quelques coups de fil à la dérobée, et va s'orchestrer dans l'ombre ce que le milieu appellera « l'entente cordiale ». Une référence historique des plus intéressantes.

> Le saviez-vous ?
>
> C'est le 8 avril 1904 que l'Angleterre et la France signent une série d'accords appelés « Entente cordiale ». Accords qui allaient mettre fin à une série de désaccords coloniaux et aboutir notamment à la reconnaissance réciproque des protectorats sur l'Égypte pour l'Angleterre et sur le Maroc pour la France.
>
> Ces accords allaient entériner une alliance similaire avec la Russie qui déboucherait sur la « Triple Entente ». Jeu des coalitions qui serviraient quelques années plus tard à l'escalade des nations européennes vers une guerre fratricide.

Encore une fois, les mots ont un sens, les références aussi. Cette « entente cordiale » entre fournisseurs est, aux yeux de ces derniers, nécessaire autant que vitale s'ils veulent survivre face au jeu des négociations de la grande distribution de plus en plus âpre. Leur objectif est simple :

présenter aux différents groupes des prix de vente très proches, voire similaires, concernant leurs produits.

Par exemple, les fournisseurs ont décidé de limiter les opérations promotionnelles sur la lessive qui donnaient lieu à des prestations de service comme la mise en avant dans les prospectus Carrefour. Une solution qui permettrait, par ricochet, de border les taux de rémunération si « chère » à la fameuse coopération commerciale.

Les fournisseurs concernés par cette « entente cordiale » adoptent donc une position commune contre Carrefour qui, face à ce front commun, ne parvient pas, le plus souvent, à négocier autant qu'elle le voudrait les différentes prestations de service. Une fois encore il semblerait que l'union fasse la force.

Un sérieux bémol cependant à cette alliance réalisée en grand secret : c'est illégal !

Un regroupement de fournisseurs à des fins d'union commerciale est prohibé par la législation en vigueur au nom du principe de la libre concurrence et de la protection des consommateurs. Car une alliance de cette nature signifierait un blocage des prix.

Il est d'ailleurs assez « cocasse » de faire le parallèle avec les regroupements de grands distributeurs au sein de centrales d'achat nationales ou internationales qui, elles, sont beaucoup moins encadrées. En ce qui les concerne, pas de prohibition de principe, mais des examens au cas par cas… Deux poids deux mesures, les fournisseurs ne peuvent pas se regrouper, mais les grands distributeurs, oui.

Quelques fuites plus tard et les contrevenants sont rattrapés par la patrouille.

> Le saviez-vous ?
>
> L'Autorité de la concurrence
>
> Il existe en France un arbitre de la concurrence, un organisme qui régule tout manquement à la déontologie du commerce, l'ADLC (l'Autorité de la concurrence). Il s'agit d'une organisation indépendante au service de la compétitivité et du consommateur.
>
> La concurrence est un moteur fondamental de l'économie et un avantage pour le consommateur, en favorisant des prix compétitifs.
>
> L'Autorité de la concurrence est l'arbitre fort et indépendant qui régule les rapports de force entre les acteurs économiques et empêche ententes et monopoles.

Cette « entente cordiale » concoctée dans le plus grand secret concernait des fournisseurs de lessives et de produits DPH (droguerie, hygiène, parfumerie). L'ADLC a sifflé la fin de la partie et fait rentrer tout ce joli monde rebelle dans le rang de la courtoisie commerciale. Les amendes prononcées furent très lourdes, de l'ordre de plusieurs centaines de millions d'euros. *Dura lex sed lex*. Eh oui, « la loi est dure, mais c'est la loi » !

Jusque-là, rien à redire à la procédure qui fait payer les contrevenants. Ils ont pris un risque, peut-être légitime, mais ils l'ont fait en toute connaissance de cause. Fatigués d'être étrillés comme des chevaux au box, ils ont joué, ils ont perdu.

Les amendes demandées aux fournisseurs dans le cadre de ces procédures judiciaires sont énormes : pour l'entreprise de produits d'entretien Reckitt, il s'agit de la modique somme de 60,7 millions d'euros et pour celle des produits d'hygiène Procter & Gamble, ce sera 196,94 millions d'euros. S'ajoutera dans chaque dossier une demande de 200 000 euros au titre de l'article 700.

Autant dire que ce type de procédures a pour « vertu » de mettre la pression sur les fournisseurs pour les négociations annuelles…

Toutefois, même gagnant, Carrefour reste mauvais joueur.

> Le saviez-vous ?
>
> L'article 700
>
> L'article 700 du Code de procédure civile permet au juge de condamner la partie perdante, au profit de l'autre, à verser une indemnité destinée à couvrir l'ensemble des frais non compris dans les dépens.
>
> Il n'est pas rare que cette somme de l'article 700 soit supérieure aux dépens, qui sont très strictement limités.

Un cheval qui tombe est un cheval qu'on achève

À l'issue de cette affaire, Carrefour va se réveiller. Le bon gros géant a été touché au plus profond de son orgueil, lui le parangon de toutes les vertus commerciales, le chantre de l'équité marchande. Le bon Samaritain s'offusque… Il a des pudeurs de jeune fille. Comment des fournisseurs, à qui il « offre » 20 % de part de marché, ont-ils eu l'impudence de s'unir, de contrevenir à la loi et de tenter de porter préjudice aux négociations nécessaires ? Plus grave, comment ont-ils osé porter atteinte au pouvoir d'achat du consommateur et mettre en danger son équilibre ? Une position que Carrefour va juger parfaitement inacceptable au point de prendre les mesures qui s'imposent. Se présentant comme une victime de ces fournisseurs margoulins, l'enseigne attaque en justice et réclame, à son tour, entre deux et trois cents millions d'euros de dommages et intérêts.

Aux yeux de Carrefour, la première sentence ne suffit pas. Il faut écraser dans l'œuf (marge déduite) toute velléité de recommencer.

Le groupe a donc la « riche idée » de se prévaloir des décisions rendues par l'ADLC pour s'afficher comme une victime et rappelle sur tous les tons de la gamme de l'offense que la première victime de cette *ignoble* « entente cordiale », *in fine*, est le pouvoir d'achat des clients. Assignation qui sert de porte-voix à l'enseigne pour se montrer la défenderesse des consommateurs, chevalier blanc des chalands victimes de méthodes mercenaires.

Bien sûr, les dommages et intérêts sont réclamés au nom de Carrefour, pas au nom de ses clients. L'enseigne aura toujours beau jeu de dire que cet apport financier servira à financer des baisses de prix futures. Dans ces dossiers délictueux, l'enseigne, pour justifier ses demandes indemnitaires, met en avant le fait que cette entente prohibée des fournisseurs a été un frein pour maintenir ses taux de prestations de service. Un comble !

Et un paradoxe que la justice traite d'un saut de haie nonchalant, car en réalité Carrefour met en avant les prestations de service « empêchées » alors même que les juridictions compétentes ont jugé disproportionné voire fictif le montant de ces prestations.

Et quand nous parlons paradoxe, c'est uniquement pour montrer notre goût de l'euphémisme, car les deux dossiers, celui de l'abus de prestations de service fantômes (cf. les dossiers Sacca et Salins du Midi) et celui sur les ententes des fournisseurs dont les décisions ont été rendues par l'ADLC, se verront jugés dans les deux cas, par la même cour d'appel, celle de Paris (voir annexes).

A priori, personne n'a relevé la contradiction dans les termes et dans les rendus.

Une situation qui sied aux meilleurs adjectifs de la littérature française comme ubuesque, kafkaïen ou orwellien, adjectifs auxquels nous pourrions ajouter celui de misérable !

Le résultat de ces courses de haies (sans honneur) est que Carrefour fait flèche de tout bois et sort gagnant de toutes ces épreuves de force.

Chapitre 5
Mon entrée sur la scène du « crime »

Faire ses provisions chez Carrefour

Car il y a encore une belle cerise sur ce gâteau bien fourré.

À l'époque des faits, en novembre 2016, c'est en tant que directeur juridique contentieux que je reçois l'assignation du ministère de l'Économie accompagnée de toutes les pièces afférentes, concernant le fameux dossier RCD. C'est à cette occasion que je prends connaissance de l'opération TYPEX et de toute une série d'échanges de mails des plus inquiétants. Voyant l'ampleur d'un dossier qui a tous les aspects d'un « bâton merdeux », je prends rendez-vous avec mon supérieur direct, M. Bovin pour lui faire part de la situation marécageuse dans laquelle se trouve l'enseigne. Il s'agit d'un dossier totalement indéfendable, augmenté d'une série de mails (vus plus haut) aux relents mafieux, de son bras droit, Tonio Merdie... Bras droit qui se révèle plutôt être un pied gauche.

J'alerte aussitôt sur la dangerosité du dossier, et s'ensuit avec M. Bovin une conversation qui m'apparaît surréaliste, au point que je vous la retranscris littéralement :

> « *Monsieur Bovin, c'est un dossier totalement pourri et nous allons devoir provisionner le risque à hauteur*

de 6 millions d'euros. C'est énorme, mais il faut faire un mea culpa *et payer.*
— Nous verrons.
— Et que fait-on de l'attitude de Tonio Merdie ? De ses mails compromettants ? Ce n'est pas acceptable !
— Calmez-vous, Jérôme. Tout cela est ennuyeux, bien sûr, mais cela va rentrer dans l'ordre. Pour ne rien vous cacher, Tonio est venu me voir, il s'est confié à moi… il a même fondu en larmes, en s'excusant. Il a cru bien faire… Il s'est un peu emballé, mais on ne peut tout de même pas lui reprocher son zèle.
— Un peu emballé ? Et que comptez-vous faire ?
— J'ai entendu son repentir… et je l'ai absous !
— Absous ? Et les fournisseurs ?
— Avec Dia, il y a eu de la casse et faire payer les fournisseurs était une idée du Comex qui n'était pas si mauvaise.
— Vous soutenez réellement cette idée de RCD ?
— Quelle RCD ? »

Fermez le ban !

Je sors déboussolé du bureau. Entre des attitudes sans éthique et un directeur juridique qui se prend pour un prêtre dispensant des absolutions comme d'autres les saints sacrements, je ne me sens plus à ma place. Quitte à faire entrer la religion dans cette affaire, c'est plutôt d'un prêtre exorciste dont Carrefour aurait besoin ! Bref ! Il était clair que le dossier RCD allait passer sous les radars.

Au bout du compte (ou du conte), le scandale RCD sera enfoui sans conséquences que celles d'un joli profit dû au provisionnement des 6 millions réduit à 1,750 million.

Le bilan de l'année 2021, date de la reprise des provisions, se verra donc augmenté de 4,250 millions d'euros.

Champagne !

Coop Atlantique par qui le scandale aurait pu arriver !

Pour bien comprendre comment je deviens une pièce gênante au cœur de la machine, il faut revenir quelques années en arrière, peu après l'arrivée du nouveau P.-D.G., Georges Plassat. Avec lui, le ton va changer, l'ambiance aussi.

Lorsque ce dernier prend les commandes du groupe, en 2012, un gros dossier secoue Carrefour, celui de la Coop Atlantique, une coopérative de consommateurs qui se trouve être le plus important franchisé de l'enseigne et qui a décidé de quitter le groupe pour rejoindre un concurrent, Système U (2012).

Petite histoire de la Coop Atlantique

C'est en Angleterre, au milieu du XIXe siècle, que va s'inventer la coopérative pour répondre aux conditions de vie difficile des salariés et c'est au cœur du monde des tisserands que va naître le premier mouvement coopératif, offrant une alternative plus humaine au développement économique. La création de la Coop Atlantique est issue de cette envie de faire du commerce différemment.

En 1881 l'aventure commence par l'union d'une cinquantaine de familles de Limoges, désireuses d'améliorer le sort des ouvriers. Une philosophie directement inspirée des « équitables pionniers de Rochdale », les fameux tisserands anglais. Cela permettait aux sociétaires d'acheter des denrées de bonne qualité au meilleur coût.

En 1912 se crée La Saintaise qui formalise la naissance de la Coopérative régionale des Charentes et du Poitou, qui se transforme en Coopérative régionale soixante ans plus tard et devient la Coop Atlantique en 1994.

En 1998 sont signés des accords de partenariat pour les achats et les enseignes avec le groupe Carrefour et Comptoirs Modernes.

Un divorce qui coûte cher

Entre 2010 et 2011, les relations se dégradent fortement entre Carrefour et son plus gros franchisé, essentiellement pour des raisons d'éthique commerciale.

Au moment de son départ, la Coop Atlantique représentait chez Carrefour un chiffre d'affaires d'environ 690 millions d'euros répartis sur des hypermarchés, des supermarchés et des magasins de proximité.

On comprend les réticences du nouveau directeur Georges Plassat à voir s'envoler pareil magot. À peine est-il en poste qu'il s'empare de ce dossier suffisamment sensible pour brûler les ailes de n'importe quel Icare et va se trouver la proie d'une idée fixe : ne pas laisser partir cette poule aux œufs d'or. Il ne veut pas être l'artisan d'une catastrophe économique. En fait, artisan du désastre, il le sera doublement, car il va être le responsable du rachat inconsidéré des magasins Dia (comme vu plus haut).

Mais pour l'heure, au moment de son arrivée, Georges Plassat ne comprend pas vraiment pourquoi la Coop Atlantique veut quitter le groupe, mais se rend compte qu'un grand nombre de mesures contentieuses ont été prises à l'encontre de la coopérative.

Il convoque alors son subalterne, M. Bovin, qui chapote notamment les deux services juridiques, le commercial et le contentieux, et lui fait part de ses inquiétudes. Ces contentieux à répétition sont intolérables! Avec de telles procédures, il n'est pas étonnant que la Coop veuille quitter le navire! Tout cela ne peut que ternir l'image de l'enseigne!

Et chaque jour pour le sieur Bovin de se faire remonter les bretelles au sujet de ces contentieux trop nombreux, et comme l'homme n'est pas du genre à faire confiance à son pantalon, il a besoin de déverser les conséquences de son stress sur les autres.

Les autres, c'est nous, c'est moi, le directeur du service juridique contentieux, et notre service devient dès lors la zone de risques maximale du groupe.

Pour Plassat, les choses sont très claires: la solution pour sortir de l'impasse ne peut plus être une politique de litiges et il va falloir revoir le « comportement » juridique du groupe.

Vent de panique!

Quand les types du sixième étage disent certaines choses, ceux du cinquième les écoutent

M. Bovin se sent de plus en plus au bord du gouffre et comprend qu'un faux pas en avant signerait sa chute. Il vient me voir pour me faire part de la situation. C'est un homme paniqué qui se livre à moi. Nous avions alors des relations de travail courtoises et « normales » et je ne l'avais jamais vu dans un tel état de stress. D'un naturel plutôt empathique, je tente de lui remonter le moral, de donner quelques couleurs au tableau bien sombre qu'il est en train de me peindre. Rien n'y fait, et je ne perçois pas, à ce moment-là, la position délicate dans laquelle je suis moi-même par voie de conséquence… Je n'entends pas, dans ses mots couverts et fébriles qu'en tant que directeur du département contentieux, je suis le « fusible » idéal et nécessaire pour que M. Bovin garde sa place.

Peu à peu, mon service devient la bête noire et ma vie professionnelle sombre dans le cauchemar.

Georges Plassat va exiger que l'on cesse définitivement les procédures contentieuses avec la Coop Atlantique pour être en osmose avec les déclarations officielles de Carrefour dans la presse qui cherche à minimiser l'ampleur de la catastrophe.

> *« Le mode d'organisation de Coop Atlantique n'ayant jamais permis la mise en place de synergies opérationnelles, le non-renouvellement du contrat d'affiliation n'aura pas d'impact économique significatif en termes de chiffre d'affaires ou de résultat pour Carrefour. »*

Carrefour a beau jouer les fiers-à-bras dans les colonnes des journaux spécialisés, la Coop Atlantique va quitter le groupe en emportant ses excellents résultats. Coop Atlantique qui exploite en pleine propriété 46 magasins Carrefour, qui emploie 3 900 personnes et qui dégage un chiffre d'affaires de 687 millions (2010) va partir à la concurrence en rejoignant le groupe System U. C'est une très belle prise pour le concurrent dont les parts de marché vont mécaniquement gonfler. Dix ans plus tard, le chiffre d'affaires de la Coop Atlantique atteindra 1,06 milliard d'euros.

Néanmoins, si ce départ ne fait pas plus de mal financièrement à Carrefour qu'une épine dans une jambe de bois – ce que le groupe assène au marteau-pilon –, il s'agit d'un très mauvais signal pour l'ensemble des réseaux de franchise de l'enseigne.

Les plombs sautent

Le service contentieux étant dans le viseur de M. Plassat, donc de M. Bovin, les brimades et insultes que j'évoquais en introduction vont pleuvoir. Pluie bien drue et violente.

Les choses ne pouvaient pas s'arranger puisque le désir du P.-D.G. d'éliminer les contentieux et sa politique d'expansion sur le territoire national engendrait un hiatus évident : en 2014, le rachat catastrophique de 800 magasins Dia fera l'objet de 1 000 procès ! Autant dire un réservoir à contentieux à rendre jaloux le tonneau et ses Danaïdes. Paradoxe inextricable à rendre fous les esprits les mieux trempés.

Résultat : M. Bovin est en surchauffe et fait chauffer le service. Son seul objectif va donc être de mettre sur le dos du directeur contentieux la responsabilité du nombre des contentieux. L'année 2017 passera de 8 millions de frais d'avocat à 5 millions. Mais nos efforts pour masquer la réalité ne seront pas suffisants pour rassurer la direction.

M. Bovin, se voyant sur la sellette, ne cessera plus ses harcèlements quotidiens, au point de faire ressembler notre service aux membres d'équipage du Vaisseau fantôme.

Pour ma part, la pression devient trop forte et je sombre peu à peu dans la dépression, une lente descente vers des abysses sans fond qui va me pousser à écrire un courrier d'alerte à la direction… sorte de bouteille jetée dans cette mer démontée.

> *« Après près de 25 ans de carrière dans le groupe (je mesure donc parfaitement la portée et les conséquences de mon mail), je tiens à porter à votre connaissance le comportement et les actes de mon supérieur hiérarchique qui sont en totale contradiction avec tous les principes les plus élémentaires de la vie en société (correction, amabilité, humanisme, courtoisie, etc.).*
> *Ce qui m'amène à vous écrire ce mail mûrement réfléchi est la longue descente aux enfers que j'ai pu connaître à titre personnel au travers d'un burn-out lié exclusivement au comportement de mon supérieur hiérarchique, il y a deux ans et demi ; comportement délétère qui, après une période « d'accalmie », est hélas ! de retour.*
> *Dans le cadre du management de mon équipe, à savoir le département contentieux, j'ai toujours fait preuve d'attachement aux valeurs de l'entreprise et l'être humain a toujours été au centre de toutes mes décisions. Le meilleur exemple, me semble-t-il, de ce professionnalisme et de cet humanisme s'est traduit notablement par l'appréciation qui en a été faite par les différentes BU[1] pour lesquelles nous intervenons.*

1. Le terme BU fait référence aux Business Unit du groupe Carrefour (par exemple, les hypermarchés sont une BU, les supermarchés une autre, etc.).

Le dernier baromètre de satisfaction a crédité le département contentieux d'une note de 8,5 sur 10, soit la deuxième meilleure note pour tous les services confondus de CAF.

Ce bref rappel me permet de revenir sur le comportement de mon supérieur hiérarchique qui, au travers des Comex mensuels que nous avons, me reproche régulièrement mon caractère trop humain, mon investissement dans l'entreprise « hors de mes fonctions ».

Le plus choquant, et ce que je n'accepte plus aujourd'hui, c'est le mépris affiché de ce monsieur à l'égard de l'ensemble des collaborateurs qui composent la direction juridique, mais également des membres des autres services.

Les femmes ne sont pas épargnées! M. Bovin juge Mme Dallat obèse avec un physique donnant une mauvaise image du service et qui mériterait d'être licenciée au plus vite! Idem pour Mme Bellière, dont la dépression pourtant soignée se fait appeler « 2 de tension » par le dynamique M. Bovin. Mes demandes d'augmentation de salaire pour les membres de mon équipe méritants se traduisent en termes gracieux par: "Ne m'emmerdez pas avec ces gens qui ne servent à rien!" L'équipe masculine n'est pas mieux épargnée. M. Le Guillec est un "gros porc", certains juristes sont associés à "une bande de cons et d'incompétents dont il va falloir se débarrasser au plus vite". Je suis moi-même taxé de cinglé…

Je m'arrête là, mais je tenais à ce que vous sachiez à quoi ressemble le quotidien au sein du service juridique. Je suis personnellement très attaché à

> *l'entreprise, suis passionné par mon travail et admiratif de mes collaborateurs.*
> *Je n'attends rien que le respect et la reconnaissance des femmes et des hommes qui font rayonner et grandir l'entreprise.* »

La suite des événements sera logique, mon avenir ressemblait à une porte grande ouverte. Porte que j'allais prendre, certes, mais je n'allais pas prendre que ça !

Les procédures

Peu avant mon départ du groupe et après, un certain nombre de procédures juridiques furent mises en œuvre par Carrefour ou par moi.

• *Le burn-out n'est pas un plaisir estival*

La première victoire importante fut la reconnaissance de mon burn-out comme maladie professionnelle par un jugement du tribunal judiciaire de Caen, qui est définitif.

> « *Le CRRMP*[2] *de Bretagne note ainsi qu'il est établi que le syndrome anxio-dépressif est apparu suite au changement managérial de l'entreprise, que les documents produits attestent d'un conflit sévère entre le salarié et sa hiérarchie, une absence de soutien hiérarchique, une absence de reconnaissance, une surcharge de travail, des conflits sur des valeurs professionnelles et une remise en question de l'identité professionnelle.*

2. Comité régional de reconnaissance des maladies professionnelles.

Au surplus, le CRRMP de Bretagne ajoute que l'attestation du psychologue permet de caractériser le diagnostic et l'absence d'état antérieur de M. Jérôme Coulombel.
M. Jérôme Coulombel exerçait les fonctions de directeur juridique du contentieux de Carrefour depuis 1991 et n'a rencontré aucune difficulté dans son environnement professionnel avant le changement managérial. Pendant vingt-deux ans, M. Jérôme Coulombel n'a donc eu aucune difficulté professionnelle.
Par ailleurs, les éléments produits par l'assuré, confirmant ainsi l'avis du CRRMP, permettent de caractériser que M. Jérôme Coulombel ne présentait aucun état antérieur, aucune fragilité d'ordre personnel ayant justifié un suivi précédent d'ordre médical ou psychologique. Les arrêts de travail, la thérapie médicamenteuse et celle psychologique n'ont débuté que suite au changement managérial au sein de la société, ce qui témoigne du lien direct et unique entre la pathologie déclarée par l'assuré et son environnement professionnel. »

• *Relaxe*

Après mon départ de chez Carrefour, le vent a soufflé très fort notamment de la part de Neptune, le souffleur en chef, alias Alexandre Bompard. Si je me voulais, pour ma part, lanceur d'alerte, le P.-D.G de l'enseigne, lui, me considérait plutôt comme un voleur de documents, un extorqueur de fonds et un maître chanteur, la panoplie complète du malfaisant qui ressemble bien à mes états de service dans la société pendant vingt-sept ans… J'ironise, bien sûr.

Carrefour a lancé une série de procédures à mon encontre comme le signale cet article du journal *Linéaires* :

> « *Jérôme Coulombel était directeur juridique au service contentieux de Carrefour France. Ayant découvert en 2015 l'existence d'une pratique condamnable dans l'entreprise (une remise imposée illégalement aux fournisseurs), il est entré en conflit avec son employeur. Après un burn-out et son départ du groupe en 2018, Carrefour l'a accusé de vol de documents et de tentative de chantage.*
> *Selon le tribunal de Caen, rien ne permet d'établir un début de chantage ou d'extorsion. Quant aux documents qu'il a emportés à son départ (et qu'il a en partie dévoilés dans un documentaire d'Arte, voir ci-dessous), les juges ont estimé que l'ancien cadre pouvait à bon droit s'en servir pour sa défense prud'hommale.* »

Eh oui ! Et à cette attaque pour vol de documents et tentative de chantage s'ajoutera celui d'extorsion de fonds. Pas mal pour quelqu'un qui a tenu pendant près de trois décennies le service juridique du contentieux Carrefour ! Il ne manquerait plus que le trafic en bande organisée pour être fiché au tableau du grand banditisme !

À la question : « Jérôme Coulombel est-il parti de l'enseigne Carrefour en emportant des documents compromettants ? », la justice y répond très clairement comme le rapporte un article de *Ouest-France* de janvier 2023 :

> « *L'affaire, qui avait été jugée le 22 novembre 2022 au tribunal judiciaire de Caen, a démarré par la plainte*

d'un dirigeant administratif du groupe Carrefour France. En septembre 2017, il avait indiqué aux policiers qu'un cadre important du service juridique aurait menacé de faire des révélations "sur des fautes commises, et dénoncer des scandales".
"J'ai estimé que les pratiques illicites de Carrefour devaient être dénoncées, elles n'étaient pas en adéquation avec mon éthique professionnelle", avait déclaré le prévenu, Jérôme Coulombel, à la barre du tribunal. Il évoquait notamment un dossier explosif sur des "ristournes sur les fournisseurs, avec des rétorsions allant d'un retrait de la tête de gondole à l'exclusion pure et simple". "Quand j'ai découvert cela, je suis tombé de ma chaise."
En mars 2021, le tribunal de commerce de Paris avait d'ailleurs condamné Carrefour "à cesser ses pratiques restrictives de concurrence" et au paiement d'une amende de 1,75 million d'euros.
"Aujourd'hui, je fais l'objet d'un règlement de comptes, c'est tout!" avait estimé le prévenu.
Pour l'avocat de la partie civile, "ce spécialiste du contentieux s'est enfermé dans une stratégie qui l'a conduit à commettre des infractions. Il a une audace qui me laisse pantois… "
La procureure de la République de Caen avait requis une peine modérée, "mais adéquate, de 1 000 euros d'amende avec sursis". Elle avait aussi sollicité la relaxe du prévenu pour les faits de chantage et de tentative d'extorsion qui lui étaient reprochés.
Me Picard, avocat de la défense, avait estimé que son client rentrait dans le cadre du lanceur d'alerte: "C'est

> *David contre Goliath. Il a juste dénoncé des pratiques édifiantes. Les documents ont été récupérés de manière légale." Il avait plaidé la relaxe sur l'ensemble des poursuites.*
> *Le jugement avait été mis en délibéré. Il a été rendu ce mardi 10 janvier 2023. La défense a été entendue sur l'ensemble des faits reprochés. La relaxe est donc totale. Pour le chantage, le tribunal de Caen prononce l'annulation de la citation. Pour l'extorsion, "les faits ne sont pas caractérisés". Quant aux documents papier et le CD-ROM, le tribunal estime qu'ils n'ont pas été volés. »*

• *Prenez la porte* !

Troisième volet, le rejet de la « qualification de démission » demandée par Carrefour. En effet, le 4 mai 2023, la cour d'appel de Caen estime que la prise d'acte de rupture de mon contrat était légitime et il qualifie la prise d'acte en licenciement « sans cause réelle et sérieuse ».

Dès lors, je sors blanchi de toutes les accusations portées à mon encontre et, même si le statut de « lanceur d'alerte » ne m'est pas accordé, je retrouve un bout de dignité bafouée.

Mais l'arbitre des élégances commerciales n'a pas encore sifflé la fin du match.

Quelques mois plus tôt, la diffusion d'un documentaire sur Arte dénonçant les pratiques quasi mafieuses d'un certain nombre d'enseignes de la grande distribution va réactiver les colères, les frustrations et les haines.

Lorsque les médias s'en mêlent

Dans le documentaire de Rémi Delescluse *Hypermarchés, la chute de l'empire*, le réalisateur met en lumière non seulement les dysfonctionnements de la grande distribution, mais aussi son obsolescence inéluctable, liée à l'apparition, notamment, des plates-formes d'e-commerce. J'y fais une apparition, témoin comptable de ce que j'avance dans ce livre.

Une apparition qui ne semble pas du goût de tout le monde, car cela remet le dossier RCD en lumière. Quinze jours après la diffusion dudit documentaire, une perquisition en règle est orchestrée à mon domicile et toute la batterie de plaintes amorcée à mon endroit en 2017 se réactive.

Le cocasse de l'histoire, si je puis dire, c'est que le signataire des actes de poursuite qui représente Carrefour est un certain… Tonio Merdie ! On s'en souvient… L'homme qui était allé pleurer dans les jupes du sieur Bovin et qui avait été religieusement absous, l'homme que le P.-D.G. Georges Plassat menaçait des sanctions les plus exemplaires au point qu'il s'était retrouvé directeur juridique monde… Un exemple de sanction disciplinaire qui pourrait figurer dans le *Guinness World Records Book* des punitions les moins dissuasives. Pardonne à ton ennemi, mais n'oublie jamais son nom.

Chapitre 6
Les salariés : la variable d'ajustement

> Le saviez-vous ?
>
> La variable d'ajustement
>
> La variable d'ajustement en mathématiques, c'est le nombre que l'on fait varier dans un algorithme statistique. Par extension, dans le monde du travail, c'est la ressource que l'on convertit en fonction des besoins. Cela permet à l'entreprise, par exemple, de réduire un déséquilibre entre les moyens dont elle dispose et les engagements contractuels auxquels elle est soumise.

On va voir, dans le cas qui nous occupe, comment Carrefour, qui semble plutôt généreux avec ses salariés, va les utiliser comme variable d'ajustement, grâce à sa vache à lait, la franchise !

Heureux qui comme Ulysse…

Intégrer la grande maison Carrefour offre un certain nombre d'avantages qu'il ne faut pas minimiser. C'est une entreprise puissante, saine, dotée de tous les avantages d'une industrie florissante et qui permet, par ce fameux

« ruissellement » dont les médias économiques font leurs choux gras, de faire rejaillir sur son personnel un peu des profits considérables que le groupe dégage.

Commençons par le salaire médian d'un employé de rayon homme/femme : il est de 1 833 euros brut.

	euros/mois
Vendeur (H/F)	1638
Caissier (H/F)	1662
Employé libre-service (H/F)	1711
Responsable de rayon (H/F)	1788
Chef de rayon (H/F)	1850
Responsable caisse (H/F)	2008
Adjoint de magasin (H/F)	2043
Directeur de magasin (H/F)	3950

Compte tenu du fait que le salaire médian d'un employé français est de 1 850 euros brut, la rémunération de Carrefour reste dans la fourchette.

Les avantages

À ce salaire normé s'ajouteront un treizième mois et une excellente mutuelle dont la moitié est prise en charge par l'entreprise. Le salarié bénéficiera de 10 % de remise sur tous ses achats en magasin ainsi que d'un comité d'entreprise (CE) offrant de multiples avantages pour les voyages, les prêts, les aides au logement, etc. Il profitera d'ailleurs du PEE (Plan d'épargne en entreprise) pour lequel Carrefour donne 40 % sur une somme mise en banque par le salarié. Celui-ci touchera également chaque année une participation aux bénéfices du groupe, participation qui est obligatoire pour toute entreprise ayant un effectif de plus de cinquante employés, ainsi qu'un intéressement, traduit par une prime proportionnelle aux résultats de l'enseigne.

Comme on peut le constater, un employé Carrefour est logé à bonne enseigne ! Qui s'en plaindrait ?

Si on ajoute les possibilités d'évolution en interne, cela devient intéressant quand on sait que les cadres peuvent obtenir des primes allant d'un quatorzième à un dix-septième mois. C'est la porte ouverte à toutes les ambitions. Et ce n'est pas critiquable, loin de là.

Dégraissons le mammouth

Cependant, cette réalité en or est faite d'un or plaqué. Aujourd'hui, par exemple, il est très difficile d'obtenir officiellement le nombre de salariés en France. Ce n'est, bien sûr, pas anodin, et il y a une raison à cela.

Le groupe n'hésite pas à communiquer sur les effectifs mondiaux, mais reste très discret sur les chiffres nationaux, ce qui permet de masquer la réalité de la politique sociale qu'Alexandre Bompard, le P.-D.G., met en œuvre. Une stratégie, à ses yeux gagnante, qui consiste à développer la location-gérance à plus grande échelle. Rappelons que, sur 5 900 magasins Carrefour tous formats confondus, 4 800 sont des franchisés, c'est-à-dire beaucoup, mais pas forcément *assez* dans une perspective de profit optimal pour les actionnaires.

Depuis 2018, Alexandre Bompard continue de développer, pied au plancher, les passages des magasins en franchises. Sur le premier semestre de l'année 2023, ce ne sont pas moins de 41 magasins qui ont opéré leur mue (16 hypermarchés et 25 Carrefour Market). Depuis 2018, avec le plan Bompard, ce sont 20 000 salariés qui sont passés à la location-gérance, ils ne sont donc plus salariés du groupe Carrefour.

Communiqué de la CFDT[1]

> « *Pour 2023, Carrefour a décidé de céder 41 magasins à des repreneurs. Depuis le début du plan d'Alexandre Bompard, c'est la 6ᵉ vague de magasins annoncée :*
>
> *2018 : 34 magasins (5 hypers et 29 Market)*
> *2019 : 36 magasins (5 hypers et 31 Market)*
> *2020 : 67 magasins (12 hypers et 55 Market)*
> *2021 : 47 magasins (10 hypers et 37 Market)*
> *2022 : 43 magasins (16 hypers et 27 Market)*
> *2023 : 41 magasins (16 hypers et 25 Market)* »

Carrefour continue de réduire considérablement son parc de magasins intégrés pour se diriger vers un modèle socialement plus proche de Leclerc et d'Intermarché avec une conséquence pour les salariés : une perte de pouvoir d'achat que nous estimons à 2 300 euros par an. Pour la première fois depuis 2018, Carrefour annonce céder un magasin qui réalise des bénéfices importants (Tarnos).

Lorsque M. Bompard est arrivé aux commandes du groupe en 2017, les effectifs Monde étaient de 380 000 salariés ; ils n'étaient plus que 320 000 en 2021. Certes,

1. https://www.cfdt-carrefour.com, flash info du 22 octobre 2022.

l'automatisation des caisses l'explique en partie, mais c'est tout de même un beau trou dans la raquette de l'embauche.

Néanmoins, pour être parfaitement honnête, il faut préciser qu'à la fin de l'exercice 2022, le chiffre était remonté à 346 000 salariés. Mais cette *remontada* provient essentiellement de l'acquisition de Grupo Big au Brésil (372 magasins Grupo Big qui se composaient de 72 hypermarchés, 98 supermarchés, 63 cash and carry, 97 soft-discount et 42 Sam's Club).

Pour résumer, le nombre de salariés en France qui tournait autour de 112 000 en 2017 est tombé à 82 000 en 2023. Ainsi suffit-il de gratter un peu pour que l'or s'écaille et fasse apparaître un plomb de bien piètre qualité. Car il est clair qu'une politique interne tend à accélérer le processus de passage à la franchise des super- et hypermarchés… On perçoit aisément l'intérêt de ce dégraissage discret. D'ailleurs, depuis 2017, dans sa communication, le groupe a discrètement fait sauter la mention de « premier employeur de France ». Pas folle, cette guêpe gourmande !

Entre 2021 et 2022, ce n'est pas moins de 30 000 salariés qui vont sortir des viseurs de la maison-mère, en intégrant une franchise de location-gérance. Cette transhumance ou ce flux de « migrants » va délester Carrefour d'une masse salariale de plus en plus lourde et bien sûr laisser les « coudées franches » aux franchisés pour faire le sale boulot, notamment les licenciements qui ne manqueront pas d'arriver compte tenu de la situation précaire dans laquelle se trouvent la plupart de ces nouveaux petits patrons (comme vu précédemment).

Autre avantage, mais pour Carrefour cette fois : les salariés intégrant des franchises ne gardent leurs « acquits » que pendant une durée de quinze mois. Passé cette période, plus de CE généreux, plus de treizième mois, plus de PEE, ni de remise gracieuse sur les achats, etc.

Un esprit chagrin dirait qu'il s'agit là de simples plans sociaux déguisés, derrière lesquels un directeur s'enrichit tout en préservant ses parts de marché et en agrandissant son champ de carottes à fournisseurs… Mais peut-être serait-ce aller un peu vite en besogne de penser que dans une société capitalistique, les actionnaires ont leur mot à dire, leur rêve à accomplir, et leurs gains à récupérer.

Y'a bom… pard !

Concernant les mises en location-gérance, il faut bien comprendre que les effets positifs sont à quatre niveaux, dont les trois derniers ont directement une influence positive pour la rémunération variable de M. Bompard :

1. Premier point d'importance, cette formule permet à Carrefour de garder, voire d'*augmenter ses parts de marché sans le moindre risque*. Parts de marché qui sont la clef de voûte des négociations annuelles avec les fournisseurs. En effet, la propriété des fonds de commerce demeure celle de Carrefour. Et nul doute qu'un franchisé déploiera beaucoup plus d'énergie qu'un directeur salarié pour faire progresser le chiffre d'affaires.

2. *La diminution drastique de la masse salariale*
   Comme je le rappelle un peu plus haut, il est très difficile d'obtenir le chiffre exact du nombre de sala-

riés en France, donc d'en comprendre l'évolution, car Carrefour communique essentiellement sur le global – salariés français qui ont pourtant vu leur nombre se réduire de façon conséquente.
Le nombre de salariés au niveau mondial reste stable voire progresse, mais cela s'explique par la forte croissance de la zone Amérique latine (où le niveau des salaires et des charges sociales n'ont rien à voir avec le système français).

3. *L'apport de nouvelles rentrées financières* pour le groupe au travers des redevances de location-gérance et des redevances de franchise.

4. *La disparition d'un certain nombre de résultats déficitaires* des magasins confiés en location-gérance, car les pertes de ces magasins ne figurent plus dans la comptabilité de Carrefour, mais dans la comptabilité des différentes sociétés locataires-gérantes qui sont contrôlées à 100 % par les locataires-gérants.
Ces sociétés ne sont pas considérées comme des filiales du groupe Carrefour et ne donnent lieu à aucune consolidation dans le bilan de Carrefour. Il s'agit en quelque sorte de l'externalisation d'une partie des dettes de Carrefour sur la tête des locataires-gérants.

Comme on peut le voir, ces multiples vagues planifiées par Alexandre Bompard pour conforter ses actionnaires sont à terme une paupérisation du personnel Carrefour qui se retrouvera rapidement salarié des locataires-gérants dont on a vu, pour la plupart d'entre eux, l'extrême dénuement commercial. Ces vaches à blé, traites à l'envi, écrasées de dettes, enfermées dans cette triangulaire contractuelle décrite plus haut, seront les pourvoyeurs des derniers salariés.

Et on voudrait nous faire croire, par des discours parfaitement rodés, des prestations télévisées « exemplaires », des articles bien léchés, que dans cette sauvagerie commerciale où la loi du plus fort ou du plus riche guide les vertus les mieux éprouvées ! Que le consommateur, alpha et oméga de tout commerçant scrupuleux, serait épargné ! Qu'il ne serait pas, au bout de cette chaîne alimentaire, le dindon d'une farce bien grasse ! Qu'il serait l'unique gagnant de ces tractations motivées par l'appât du gain !

Pour conclure avec un bouquet de feu d'artifice (pas pour tout le monde), précisons que quelques semaines après l'annonce d'un nouveau plan de départs « volontaires » qui va concerner *a minima* 1 000 personnes en France, 60,69 % des actionnaires ont validé la rémunération du P.-D.G. Alexandre Bompard pour 2022-2023 à une hauteur de 9 millions d'euros.

Toutes les bonnes raisons peuvent être évoquées pour justifier une telle rémunération basée sur une partie fixe, une partie variable et une partie « long terme », mais elle est peu audible « en regard de la politique sociale de l'entreprise, de la réduction des effectifs et du passage de magasins en location-gérance », comme le précise la cellule cégétiste du groupe.

Chapitre 7
Les consommateurs :
victimes de fin de boucle

Le consommateur contemporain a changé ses habitudes. Aujourd'hui, à l'heure de la communication et des réseaux sociaux, il désire savoir d'où viennent les produits qu'il consomme, exigeant une traçabilité honnête. Il désertera volontiers les marchés de Noël ou les enseignes dont les produits proviennent de Chine ou d'ailleurs. Il deviendra regardant sur le traitement des enfants, des animaux de toute nature, ou des sols français…

Pour un grand nombre de clients bien sûr, le prix sera la première philosophie acceptable. Cependant le consommateur n'est pas sourd aux contingences de son temps, aux problèmes qui l'entourent, qui lui sont ressassés quotidiennement dans une litanie médiatique parfois indécente. Il n'est pas de jour où les journaux ne mentionnent un scandale sanitaire au cœur d'une chaîne de fabrication, des plaintes de fournisseurs face à la grande distribution ou de clients floués par des publicités mensongères.

Aussi, à force de lui indiquer le sens des bonnes manières, des bons réflexes et des comportements acceptables, il n'est pas rare que l'*Homo consumens* finisse par vouloir user du « geste citoyen », de l'« écoresponsabilité » ou de l'« éthiquement bio ».

Évidemment, à ces prises de conscience modernes, les lois du commerce n'ont pas oublié de se réinventer, ou plutôt de réinventer leur discours.

Le plaisir du consommateur avant tout…

Carrefour, on l'a vu, est confronté à de très nombreux contentieux face à ses franchisés qui viennent lui demander des comptes sur les conditions tarifaires non compétitives qu'elle leur applique.

Mais dans le cadre de ces procédures, Carrefour a une vision assez surprenante puisqu'elle soutient dans ses allégations que le prix n'est pas l'élément numéro un pour les clients qui rentrent dans ses magasins.

Selon Carrefour, les consommateurs viennent chercher avant tout une ambiance, un magasin propre, agréable, doté d'une lumière tamisée et d'un personnel accueillant, d'un rayon bien fourni en MDD (marque de distributeur) de bonne qualité, etc. Pour l'enseigne, le prix ne vient qu'en dernière intention. Oser soutenir pareille assertion dans une période de crise, d'inquiétude et de baisse de pouvoir d'achat relève d'un beau numéro d'équilibriste. Ce n'est plus un distributeur, c'est un danseur de corde qui chante l'amour de son prochain à la Lune !

Le souci, c'est que cette vision lunaire (justement) de Carrefour n'est pas du tout le ressenti de plusieurs organismes qui ont fait des études sur le sujet et notamment l'étude BONIAL de septembre 2022 produite par Carrefour elle-même – une belle variation de la balle dans le pied. Mais à vrai dire, on peut se demander s'ils l'ont vraiment lue avant de la produire ! Car il ressort de cette enquête que le prix est le premier critère de choix des consommateurs (96 % d'entre eux).

… mais au profit du distributeur, après tout !

Avec Casino, Carrefour possède le plus gros maillage territorial. Ils sont, comme par hasard, les deux groupes capitalistiques qui s'opposent au concept de coopérative.

À Paris, 80 % des magasins appartiennent à l'un de ces deux groupes. 80 % de parts de marché sur l'alimentaire[1]. Un duopole excessivement lucratif.

Seuls les hypermarchés en périphérie proposent des avantages tarifaires pour le consommateur et, comme on l'a vu dans le témoignage d'un certain nombre de franchisés, contraints d'acheter leur marchandise plus cher, ces derniers ne peuvent qu'augmenter leur prix, habituant ainsi le consommateur urbain à des prix pouvant parfois aller jusqu'au double.

On voit bien par ce jeu de dupes que le consommateur est trompé et qu'il est, sans le savoir, la victime finale des contrats signés entre Carrefour et ses franchisés. Entrer dans un Carrefour Market de centre-ville, croyant trouver des prix bas, du fait de la renommée de l'enseigne, est une tromperie.

Le panier inflation…

Le panier inflation est un bel exemple d'altruisme commercial. Le patron de Carrefour s'est vu invité sur de

1. Avis ADLC (Autorité de la concurrence) du 11 janvier 2012.

nombreux plateaux de télévision pour faire la promotion de la générosité du groupe. Néanmoins, il n'a pas caché son inquiétude, venant notamment des fournisseurs. « La fin des négociations avec les industriels laisse présager une augmentation supplémentaire. C'est un nouveau choc violent pour les ménages les plus fragiles. »

On l'aura compris, le danger viendra surtout des fournisseurs et M. Bompard se pose là en rempart contre l'avidité des industriels.

> *« Ayant perçu le risque inflationniste très tôt, nous avons été les premiers à lancer des initiatives concrètes dès la fin du printemps dernier et nous faisons tout pour que l'inflation ne soit pas synonyme de régression dans la qualité de l'alimentation, aussi retenons-nous dans notre sélection des produits au Nutri-Score A et B. »*

Cela part d'un très bon sentiment. Et soucieux des sondages des clients interrogés, Carrefour, avec son sens de l'éthique caractérisé, n'oubliera pas de glisser dans son panier anti-inflation pour les plus démunis, du Nutella, des chips, du ketchup ou des sodas.

Quelques semaines plus tard, le journal des consommateurs *Que choisir* se fera d'ailleurs l'écho de ce panier anti-inflation. Un article très parlant…

> *« Dans sa modeste liste de 139 produits anti-inflation – rappelons qu'un supermarché propose plusieurs milliers de références, et un hypermarché, plusieurs dizaines de milliers –, quasiment tous sont ses MDD :*

Simply ou Carrefour pour l'alimentaire, Tex pour les textiles, Bluesky pour le petit matériel électroménager, Poss pour l'électronique ou encore Nalk and Rey pour "l'électro-beauté" (rasoirs, sèche-cheveux, lisseurs ou boucleurs, tondeuses, etc.).

Sur ces 139 références, on compte seulement 70 références alimentaires et 30 d'hygiène-droguerie. Les 39 autres produits se partagent entre textile, petite papeterie et petit équipement électroménager et bureautique, dont certains ne sont pas des achats indispensables en période de crise. Mais la sélection de produits alimentaires et d'hygiène n'est pas non plus vraiment satisfaisante. Ainsi, Carrefour propose des couches pour bébé tailles 3 et 5, mais pas 1, 2 et 4, 2 bières (dont une ultra-forte), 7 jus de fruits et sodas, 5 desserts (biscuits, glace, flan, etc.), mais un seul type de pâtes. Surtout, il n'y a aucune offre en riz, huile ou moutarde, qui figurent parmi les aliments ayant subi la plus forte inflation depuis un an ! Soulignons néanmoins que 4 fruits et légumes frais – tomates cerises, poivrons, oranges et citrons – sont dans le panier, même s'il ne s'agit pas de produits de base, comme les oignons, les carottes ou les pommes. »

Dans la suite de l'article, on notera sans complaisance le degré de générosité de l'enseigne :

« Le distributeur s'était engagé à bloquer les prix de ces produits du 31 décembre 2022 au 7 mai 2023. Nous avons vérifié ce qu'il en était pour 74 produits de grande consommation (alimentaires et

> *hygiène-droguerie). À ce jour, la promesse est tenue: leurs tarifs ont même reculé de 0,2 % en moyenne par rapport à février. Pour autant, ils ont subi une forte inflation auparavant, et sont en hausse de 10,2 % sur un an. Surtout, c'est un engagement qui ne coûte pas cher: sur la centaine d'euros que dépense chaque semaine un ménage en grande surface, seulement 20 à 30 % sont des MDD. Un recul des prix de 0,2 % sur cette part d'achats représente 5 centimes, à condition d'avoir mis dans son caddie les produits figurant sur cette liste!*
> *La communication gouvernementale sur le panier anti-inflation offre donc surtout l'opportunité à Carrefour et ses concurrents de mettre en avant leurs propres marques, en faisant un effort financier minime. »*

« Quand ça fait plaisir et que ça débarrasse! »

Popularis ac mercator

Si le consommateur contemporain a conscience d'un monde qui change, le commerçant digne de ce nom se doit de l'accompagner… L'achat du consumériste militant ne peut plus être seulement l'achat-plaisir, l'achat-besoin, mais un achat politique, social et environnemental! En somme, c'est la responsabilité sociétale de l'entrepreneur investi dans un monde en pleine mutation qui est en jeu!

Voilà donc cette nouvelle mission que se sont assignée les missionnaires du nouveau commerce pour fidéliser leur clientèle. Comme dit en préambule de ce chapitre, il n'est pas question de passer à côté des nouvelles exigences du consommateur que l'on dit plus mûr, plus averti, plus responsable. Pas question pour les grandes enseignes d'ignorer l'importance du discours sociétal. Et si ce discours fait vendre, il est forcément vertueux ; s'il fidélise, c'est qu'il est juste !

Aussi de nouveaux éléments de langage ont été forgés par la grande distribution pour parvenir à manipuler intelligemment sa clientèle, afin de la rendre captive à ses propositions, afin de lui couper l'herbe sous le pied en matière de réflexion sociétale, environnementale, climatique, voire politique.

La mode est au bio, mettons le bio au cœur de nos magasins ! La préoccupation devient la santé publique, soyons nutritivement audacieux, inventifs, précurseurs ! Les temps obscurs invitent à la réflexion climatique, minimisons notre empreinte carbone ! En toute chose soyons là où le consommateur nous attend ! L'époque est au féminisme ? Replaçons la femme au cœur du débat.

Les dernières interventions du groupe par la voix de son P.-D.G. Alexandre Bompard ne sont pas autre chose qu'une communication habilement construite pour tenter de garder sa place privilégiée sur le terrain de la grande distribution. La proposition d'un futur congé menstruel, par exemple, n'est pas autre chose. Cela peut sembler une belle idée, une idée pleine d'empathie et une belle idée ne mange pas de pain sur le terrain du commerce. Jusqu'au jour où on prendra conscience d'une augmentation de la discrimination à l'embauche.

Mais tout est bon pour une communication choc et efficace. Carrefour se veut le chantre de ces idées modernes qui allient commerce et responsabilité sociétale.

Est-ce mal en soi ? Non, bien sûr.

« Bouger avec son temps », n'est-ce pas une expression au rythme sympathique ? Oui, bien sûr.

Mais ayons toujours en tête la réflexion de Marcel Pagnol qui résume la réalité des faits : « S'il faut toujours dire la vérité à la clientèle, il n'y a pas de commerce possible[2]. »

« Votre portefeuille nous intéresse… »

Cher consommateur, vous, lecteur, chineur de rayons, passager ou récurrent, êtes en bout de cette longue chaîne comme une victime expiatoire d'un commerce implacable. Dans les coulisses se joue une guerre des prix dans laquelle, on l'a vu, nombreux sont les guerriers qui restent sur le carreau, des fournisseurs aux franchisés, en n'oubliant pas les salariés. À grands coups d'étiquettes, de slogans, de publicités aguichantes, de discours empathiques et de désinformation, l'unique cible est votre portefeuille.

Quel consommateur n'a pas constaté en se promenant dans les allées d'un Carrefour Market, City, ou Contact une déliquescence dans le service, dans l'approvisionnement, dans la vétusté des lieux, voire dans la propreté ? On connaît à présent la raison de cette chute de qualité, on sait comment Carrefour traite ses multiples partenaires et l'on voudrait croire que son seul objectif est sa passion du consommateur ? Que le souci de son bien-être serait, pour le coup, exempt de cynisme ?

2. Marcel Pagnol, *César*, Grasset, 2004.

Les mots d'Étienne Thil, dont nous avons parlé dans le premier chapitre, me reviennent pourtant à la mémoire… Ces mots frappés au coin du bon sens quand il mettait en garde sur l'arrogance de certains commerçants qui oubliaient les fondamentaux du commerce, asphyxiés par l'argent-roi.

> « *Attention à Madame la cliente, cette femme émotionnelle, instinctive et sensuelle qui déjoue les calculs les plus fins de nos grands techniciens. Prenons-y garde, car cette humble ménagère est la véritable patronne de nos immenses magasins et usines. C'est elle qui décide de la fortune ou de la faillite des puissants qui croient la tenir à leur merci. Attention aussi à l'arrivée d'une horde sauvage, composée de cette race d'hommes aux dents longues et aux estomacs creux qui, sans respect pour les usages, les techniques et les intérêts établis, se battra à nouveau pour conquérir sa place au soleil !* »

Tout est dit !

Chapitre 8
Perspectives

Le bilan étant dressé, l'heure est aux perspectives. Elles existent et, même, elles cohabitent. Nous avons dans un premier temps participé à la création d'une association de soutien aux franchisés afin de rendre compte de leurs problèmes et d'y apporter des solutions. L'union faisant la force, cette association tend à peser sur le politique afin qu'il agisse dans le bien et l'intérêt de tous. Mais nous verrons que beaucoup de portes restent closes, autant que sourdes les oreilles. Quelles que soient les plaintes, les revendications, les souhaits, voire les supplications, Carrefour n'entend pas changer son modèle. Alors aux situations inextricables, les grands moyens. Après les grandes illusions, le temps est venu des grandes évasions !

L'association des franchisés Carrefour (AFC)

L'AFC tend à veiller aux intérêts des franchisés et des locataires-gérants. Elle représente les magasins Carrefour Contact, Carrefour City, Carrefour Express, Carrefour Montagne, Carrefour Bio.

Cette association a plusieurs objectifs :

- Favoriser et renforcer les échanges entre ses adhérents et le groupe Carrefour.

- Défendre les intérêts collectifs des franchisés auprès du groupe Carrefour.
- Rééquilibrer les relations commerciales entre franchisés/locataires-gérants et le groupe Carrefour.
- Apporter une aide opérationnelle aux adhérents de l'association.
- Remonter les informations des points de vente afin d'améliorer les conditions collaboratives.
- Mettre en œuvre toutes les actions afin de rééquilibrer les relations juridiques et commerciales concernant : la participation minoritaire ; les pactes d'associés ; la modification des statuts ; les contrats de franchise, d'approvisionnement, de location-gérance ; les prix d'achat et de vente des marchandises ; les marges imposées.
- Bénéficier des actions promotionnelles nationales ponctuelles et non exclusives aux Market, Hyper et Drive.
- Apport de conseillers de gestion, apport de conseillers de contrat, apport de fournisseurs extérieurs améliorant la marge brute.

Mais malgré la meilleure volonté du monde de la part de l'association, Carrefour n'entend pas changer sa politique et ce sont bien souvent les tribunaux qui tranchent des conflits de plus en plus nombreux.

La mouche qui grossit dans un lait qui s'éclaircit

La ligne droite des condamnations à l'encontre de Carrefour est bien dégagée. Sous cet angle, l'horizon s'éclaircit pour les franchisés ou les fournisseurs qui seraient prêts à mettre les pieds dans ce plat trop salé.

Dans le courant du mois de mai 2023, six jugements ont été rendus pour trois sociétés, ex-franchisées Carrefour, qui s'étaient placées sous procédure de sauvegarde.

> Le saviez-vous ?
>
> Procédure de sauvegarde
>
> La procédure de sauvegarde s'adresse aux entreprises en difficulté et qui ne sont pas encore en cessation de paiements.
>
> L'objectif d'une telle procédure est de faciliter la réorganisation de l'entreprise pour lui permettre de maintenir son activité économique et ses emplois, et d'assurer l'apurement de ses dettes.
>
> La procédure de sauvegarde s'achève généralement par la mise en place d'un plan de sauvegarde.

Les recours formés par les filiales de Carrefour portaient sur les ordonnances du juge ayant demandé la résiliation des contrats de franchise et d'approvisionnement. Le tribunal a confirmé la résiliation judiciaire des contrats, aux motifs que la résiliation était indispensable pour assurer une chance de redressement à chacune des sociétés. Je cite :

- *La rentabilité du franchisé était notoirement insuffisante au regard des lourds investissements à opérer.*

- *L'apport en termes de savoir-faire liés au contrat de franchise tel qu'il apparaît au regard des éléments fournis est très relatif et en tous les cas inopérant pour les défenderesses concernées.*
- *Il est démontré que la société CSF vendait ses produits à ses franchisés à des prix supérieurs à ceux pratiqués par la concurrence.*
- *Toute modification de prix, fût-elle possible théoriquement, n'était pas matériellement réalisable.*
- *La politique même du pricing du franchiseur n'était pas compatible avec l'équilibre financier de l'exploitant ni en cohérence avec les prix pratiqués par la concurrence ; que les différents mécanismes mis en place par CPF entraînaient le fait que les sociétés franchisées concernées n'étaient pas en mesure de maîtriser leur marge.*
- *Les conclusions de l'administrateur indiquaient [...] qu'un changement d'enseigne apparaît comme étant la seule option envisageable.*
- *Les problèmes de marge liés à l'exécution des contrats en question ont bien justifié l'ouverture des procédures compte tenu de leur impact sur la rentabilité de celles-ci.*
- *Le constat du retour à une situation de marge plus normale dans le cadre du nouveau partenariat mis en place avec une enseigne concurrente, démontre clairement que l'origine des difficultés rencontrées résidait bien dans l'exécution des contrats litigieux.*
- *La contrepartie des contrats litigieux [...] procurait un gain insuffisant pour lui permettre d'assurer la pérennité de sa structure.*
- *La résiliation était indispensable pour assurer une chance de redressement à la société.*

Le tribunal a condamné solidairement les sociétés CSF et CPF au paiement de la somme de 15 000 € pour chacune des procédures au titre de l'article 700 du Code de procédure civile (soit en tout 90 000 euros).

La grande évasion

À l'heure actuelle, la procédure de sauvegarde est la seule parade que l'on ait trouvée pour que des franchisés Carrefour puissent quitter ce groupe et rejoindre d'autres enseignes plus performantes et plus respectueuses, que ce soit U Express ou Coccinelle.

Pour ouvrir une procédure de sauvegarde, l'entreprise doit rencontrer des difficultés qu'elle n'est pas en mesure de surmonter seule. Elle ne doit pas être en situation de cessation des paiements. Se trouvant dans une impasse liée à la triangulaire contractuelle décrite plus haut, le franchisé va donc demander la protection et l'aide des tribunaux de commerce pour lui permettre de trouver des solutions soit avec Carrefour, soit avec un nouveau partenaire.

Avec Carrefour, les discussions se soldent par des échecs, car elle ne veut rien changer à son modèle. La solution va donc obligatoirement passer par un nouveau partenaire.

Les dispositions législatives qui régissent la procédure de sauvegarde donnent de très grands pouvoirs aux juges qui ont pour objectif unique d'assurer la pérennité de la société franchisée, d'assurer le maintien de l'emploi et si possible le développement de la société franchisée. Le franchisé présente alors, avec son futur nouveau partenaire, un plan de sauvegarde pour l'avenir. Ce projet de plan détaille ce que donnera le nouveau partenariat avec la nouvelle enseigne, ainsi que ses retombées économiques.

Si ce projet de plan apparaît sérieux et réaliste, les juges vont alors l'entériner et permettre le changement d'enseigne.

C'est ce qui se passe dans 100 % des cas. C'est là que les pouvoirs des juges sont conséquents, puisqu'en vertu de l'article L622-13 du Code de commerce, « à la demande de l'administrateur, la résiliation est prononcée par le juge-commissaire si elle est nécessaire à la sauvegarde du débiteur et ne porte pas une atteinte excessive aux intérêts du cocontractant. »

Ainsi, le juge, et non pas le franchisé, pourra résilier les contrats de franchise et d'approvisionnement Carrefour pour permettre au chef d'entreprise de passer un contrat avec une nouvelle enseigne. Le magistrat rendra une décision de justice prononçant la résiliation de ces contrats.

Cerise supplémentaire sur un gâteau qui pourrait sembler étouffant, une autre disposition légale de l'article L626-3 permet au juge de modifier les statuts de la société franchisée et prévoit que désormais les règles de majorité pour prendre des décisions au sein de la société seront prises à la majorité simple ! En d'autres termes, les effets nocifs de la prise de participation minoritaire bloquante de Carrefour qui détient 26 % sont totalement paralysés.

Désormais toutes les décisions sont prises en assemblée à la majorité simple, soit 50,01 %, et comme l'ex-franchisé détient 74 %, il fait désormais ce qu'il veut !

Bien qu'un peu lourde sur le plan administratif, la sauvegarde est à ce jour la solution idéale pour sortir les franchisés du piège. Même si Carrefour fait des recours permanents sur toutes les décisions rendues par les tribunaux de commerce, elle a, pour l'heure, tout perdu sans exception : une quinzaine de procédure.

À noter que, depuis quelque temps, Carrefour a déployé tous ses réseaux, tous ses lobbys afin d'intervenir auprès des tribunaux de commerce pour les alerter sur, selon elle, un dévoiement de la procédure de sauvegarde, tout en se gardant bien de détailler le modèle très particulier « de franchise participative » qu'elle a mis en place. Le terme de « franchise captive » serait plus approprié...

Pour terminer sur ce sujet, est-il normal que des franchisés soient contraints de saisir le juge des faillites pour sortir d'un ensemble contractuel les enfermant *ad vitam aeternam* dans un système totalement déséquilibré ? Ne serait-il pas plus pertinent de réglementer davantage ce secteur d'activité afin de rétablir de vraies règles de libre concurrence et de commerce au bénéfice de tous ?

Un nouvel eldorado

Depuis plusieurs années à présent, nous aidons un très grand nombre de franchisés à s'extirper des serres de leur charognard. Si les transferts sont souvent délicats en raison de la triangulaire contractuelle qui les bloque de toutes parts dès qu'ils veulent bouger un doigt, le bilan est positif et reste sans appel !

Prenons l'exemple d'un ex-franchisé de la région de Lyon passé sous une nouvelle enseigne comme U Express. En moins d'un an, tous les voyants sont au vert. Il est passé d'un système de paupérisation à un système vertueux. Après un exercice comptable complet avec l'enseigne U, les changements économiques et sociaux sont très impressionnants :

- Chiffre d'affaires significativement en hausse avec une explosion de marge et des résultats (+ 10 points – résultat multiplié par 4).
- Baisse des prix consommateurs de l'ordre de 7 %.
- Assortiment des produits en magasins beaucoup plus important (plusieurs milliers de nouveaux produits).
- Embauche de salariés supplémentaires avec la mise en place d'une politique salariale performante pour les salariés.

Pour étayer cette nouvelle réalité économique, je prendrai un seul exemple qui touche aux marges réalisées par Carrefour et Système U sur un produit standard : la bouteille de gaz[3].

	SYSTÈME U (HT)	**CARREFOUR (HT)**
Antargaz Butane	21,76	23,04
Antargaz Propane	21,56	22,86
Finagaz Butane	21,56	22,86
Finagaz Propane	21,56	22,86
Antargaz – Finagaz Bouteilles uniformisées Propane	60,38	64,41
Antargaz – Finagaz Bouteilles uniformisées Carburation	21,89	25,66

3. Mail du 7 mai 2019 d'un commercial Antargaz Butagaz à un ancien franchisé Carrefour de Lyon.

On note très clairement que Carrefour, en proposant des écarts de plusieurs euros sur les bouteilles, se « gave » sur toutes les propositions. Cet exemple du gaz se reproduit sur l'ensemble des produits. Le manque à gagner du franchisé est colossal. Ces écarts de prix se retrouveront sur quasiment l'ensemble des produits, mais également sur les prestations.

> *« Lorsque je suis passé chez Système U, quelle n'a pas été ma surprise quand j'ai vu les tarifs de location que me proposait le prestataire des plieuses à carton ! 30 % moins cher alors qu'il s'agissait de la même machine et du même prestataire. Bien sûr, lorsque j'étais franchisé Carrefour, il me faisait payer la commission que lui prenait le groupe. »*
> Michel – Carrefour Contact en Normandie

À ce jour, les franchisés Carrefour passés sous une autre enseigne, avec plus ou moins de facilité, témoignent à l'unanimité des conditions d'exploitation améliorées, des marges retrouvées et des chiffres d'affaires qui s'envolent. La plupart retrouvent la dignité qu'attend tout chef d'entreprise et voient les résultats de leurs investissements. Les marges gagnées sur les approvisionnements leur permettent d'embaucher, d'augmenter les salaires et enfin de capitaliser.

De nouvelles perspectives ensoleillées sont donc bel et bien possibles pour l'immense majorité des franchisés Carrefour dès lors qu'ils arrivent à reprendre leur liberté perdue.

Cette terre promise par Carrefour à ses partenaires, constituée d'une indépendance entrepreneuriale et managériale susceptible de les rendre rapidement propriétaires de leur commerce, est un leurre ! Un mirage ! Un objectif inatteignable, parce que des gestionnaires formatés dans un système déshumanisé où seul l'argent compte et *se* compte, en ont décidé ainsi. Un système capitalistique sans foi ni loi qui ne répond qu'aux exigences de ses actionnaires et qui, par voie de conséquence, en vient à perdre toute éthique.

Pour mémoire, il est important de rappeler qu'aujourd'hui Carrefour pèse 90 milliards de chiffre d'affaires quand U Enseigne dépasse à peine les 23 milliards. Pourtant cette dernière accorde des tarifs bien meilleurs à ses franchisés pour une simple et bonne raison : il s'agit d'une coopérative.

> Le saviez-vous ?
>
> La coopérative
>
> Une coopérative est une association autonome de personnes volontairement réunies pour satisfaire leurs aspirations et besoins économiques, sociaux et culturels communs au moyen d'une entreprise dont la propriété est collective. Elle repose sur le principe démocratique « une personne = une voix ». Elle élit un conseil d'administration qui nomme un directeur général. Les salariés et les membres-usagers sont ainsi tous égaux en droit. Pour les coopératives de commerçants où l'on parle de commerce associé, on peut citer, par exemple, E. Leclerc et Système U.

L'exemple de Carrefour et des méthodes qu'elle pratique n'est certainement pas viable pour les années à venir et c'est très certainement vers la voie de la coopérative que la grande distribution devra à terme se diriger afin de trouver un point de jonction plus réaliste avec les attentes des fournisseurs, des salariés et des consommateurs.

Conclusion

… Ou plutôt, pour ne pas conclure, je dirais, au risque de paraître naïf aux yeux de certains, que mon dégoût de l'injustice est le moteur de ce livre. Les centaines de témoignages de détresse et d'appels au secours ne peuvent me laisser dans une position attentiste. Ferai-je beaucoup, peu ou pas du tout ? Le fait est que je ferai tout ce que je peux pour que les choses changent et je ne me résoudrai jamais à mettre les utopistes dans la case des doux rêveurs inutiles. Je suis convaincu qu'un seul mot vrai tombé dans la bonne oreille peut changer les certitudes en doutes et les évidences en erreurs.

Je rappellerai que la grande distribution française s'est développée selon deux modèles principaux :

- Le modèle capitalistique Casino et Carrefour qui sont les deux seuls groupes cotés en Bourse.
- Le modèle coopératif comme Leclerc, Intermarché et U Enseigne qui regroupent des commerçants indépendants.
- Je laisse de côté volontairement le groupe Auchan, groupe familial à l'instar du groupe Promodès qui ne correspond à aucun des deux systèmes précités.

Aujourd'hui, le modèle représenté pour moitié par Casino est en train de s'effondrer avec une dette de 6,4 milliards d'euros et va dans les mois à venir faire l'objet d'un véritable dépeçage. Dépeçage en règle qui a en réalité déjà commencé. Intermarché va reprendre 200 magasins français du groupe Casino, Lidl quant à lui va en reprendre sans doute 600 et, selon les spécialistes du marché, cette opération pourrait voir Intermarché dépasser Carrefour en termes de parts de marché. Le groupe Carrefour se verrait prendre la troisième place après Leclerc et Intermarché. Une première révolutionnaire dans le monde de la grande distribution où le *Number one* depuis des décennies se verrait distancé par des groupes coopératifs non cotés en Bourse… Il n'est pas impossible que nous assistions là à l'aube d'une nouvelle ère commerciale. Et ce n'est pas le rachat par Carrefour du groupe CORA programmé en 2024 qui changera la tendance.

Cependant, mammouth en troisième position derrière deux dinosaures pourrait encore paraître honorable… Le problème est que l'on peut légitimement se demander si le virus qui entraîne Casino vers le désastre n'est pas en train d'infecter durablement Carrefour, vu les problèmes croissants que le groupe rencontre avec ses franchisés. Ces derniers, furieux et déterminés à se défendre, sont de plus en plus nombreux, et j'en soutiens pour ma part plus de six cents sur 4 800.

Aujourd'hui, le frein de leur colère s'appelle la peur, notamment celle de ne pas pouvoir faire face aux coûts prohibitifs des procédures d'arbitrage. Mais que le ministre de l'Économie bouge seulement un pied et le nombre de franchisés à sortir du bois décuplera.

J'y travaille.

Depuis quelque temps, nous parvenons à convaincre certains fonds de financement à s'intéresser aux problèmes juridiques de ces franchisés et de les accompagner financièrement dans leurs démarches. On dénombre à présent une centaine de franchisés engagés dans des procédures contre le groupe Carrefour. À l'heure ou j'écris : une quarantaine de décisions ont été rendues et toutes gagnées.

À ce jour, aucun d'entre eux n'a perdu son procès !

Depuis 2019, j'ai recensé une soixantaine de décisions de justice positives et ces nouvelles encourageantes me poussent à continuer ce combat légitime, car chaque jour c'est un entrepreneur brisé que je croise, des hommes et des femmes de bonne volonté qui se retrouvent dans des situations morales, psychologiques et financières inextricables.

Je pense à Yves dont j'ai évoqué la situation plus haut, père de quatre enfants, il n'a malheureusement toujours pas réussi à reprendre pied et fait régulièrement des séjours en HP. J'essaye de lui faire garder espoir afin qu'il reprenne goût à la vie et ne menace plus de commettre l'irréparable. C'est cette détresse, ces drames que Carrefour ignore, qui me poussent à poursuivre le combat, à défendre les franchisés broyés et passés en « perte et profit » par ce groupe.

Mon souhait est de les aider le plus longtemps possible jusqu'à ce que l'on parvienne à un juste rééquilibrage des relations humaines, juridiques et commerciales entre eux et Carrefour.

Mon accompagnement auprès de ces franchisés dans leur combat pour un peu de justice n'a pas pour but de fragiliser Carrefour qui reste au demeurant un groupe avec de très beaux concepts, mais d'amener ses dirigeants à comprendre qu'on ne peut plus considérer les franchisés comme de simples pions et uniques machines à profit. L'heure est venue de restaurer une vraie relation de partenariat « gagnant-gagnant », de respecter les ambitions de ces hommes et de ces femmes qui ont le simple désir de devenir des chefs d'entreprise épanouis.

Il est temps que le commerce équilibré reprenne enfin ses droits et que Carrefour cesse d'utiliser le juridique comme unique moteur de sa relation avec ses franchisés. Le fameux « on n'est d'accord sur rien, si on n'est pas d'accord sur tout » qui symbolise tellement l'état d'esprit d'une poignée de décideurs âpres au gain, ne peut plus, de nos jours, servir de philosophie à une enseigne de cette importance.

Je pense sincèrement qu'au-delà de ces rapports humains corrompus, de ces décisions pyramidales iniques et de certains choix commerciaux récents, c'est l'avenir même de Carrefour qui est menacé si rien ne change.

ANNEXES

Procédures personnelles (décisions définitives) :

- Jugement du tribunal judiciaire de Caen du 17 août 2022 reconnaissant mon burn-out comme maladie professionnelle liée exclusivement à mes conditions de travail chez Carrefour.
- Jugement du tribunal correctionnel de Caen du 10 janvier 2023 prononçant ma relaxe concernant les chefs de poursuite pour vol de documents, tentative d'extorsion de fonds et chantage.
- Arrêt de la cour d'appel de Caen du 4 mai 2023 estimant que ma prise d'acte de rupture de mon contrat de travail constitue un licenciement sans cause réelle et sérieuse. Carrefour a été condamné à me verser 775 000 euros, plus des intérêts de retard. Une partie de cette somme a été utilisée pour régler les procédures que les franchisés ne pouvaient pas financer.

Les trois procédures que je vais engager en septembre :

- Citation devant le tribunal correctionnel de Caen de Carrefour Administratif France et M. Bovin pour harcèlement moral
- Dépôt d'une plainte contre Carrefour Administratif France pour tentative d'escroquerie au jugement.
- Assignation de Carrefour Administratif France devant le tribunal judiciaire de Caen pour voir reconnaître dans le cadre de mon burn-out la faute inexcusable de Carrefour Administratif France.

Annexe 1

VALORISATION DES PARTS DE LA SARL ████

C.A. retenu pour la valorisation : C.A. TTC hors essence réalisé au cours des 12 derniers mois précédant la cession.

Chiffres en K.€

	+ **VALORISATION : *7,09* mois du C.A TTC hors station :**	***0***	**0**
1	- Valeur nette comptable de toutes les immobilisations corporelles et incorporelles		0
2	- Coûts de remise aux normes (dont remise en état de fonctionnement des immobilisations nécessaires à l'exploitation)		0
3	- Coûts de remise en état de l'immobilier (si propriétaire ou si locataire au titre de l'article 606)		0
4	- Valeur nette comptable théorique des biens financés en crédit-bail immobilier		0
5	- Capitalisation sur 10 ans des loyers annuels HT résultant des baux en vigueur		0
6	- Capitalisation de la taxe foncière et des charges locatives sur 10 ans		0
7	- Valeur nette comptable théorique des biens financés en crédit-bail mobilier		0
8	- Capitalisation des locations de matériel sur 5 ans		0
9	+ Capitalisation sur 10 ans des loyers annuels HT de sous-location résultant des baux en vigueur		0
	SURVALEUR D'ACTIF =		**0**
10	+ Capitaux propres de la SARL ████		0
11	- Valeur nette comptable des frais d'établissement		0
12	- Valeur nette comptable des charges à répartir		0
	VALEUR de 100 % des parts de la SARL ████		**0**

Annexe 2

VALORISATION DES PARTS DE LA SARL [redacted]

C.A. retenu pour la valorisation : C.A. TTC réalisé au cours des 12 derniers mois précédant la cession.

Chiffres en K€

	+ VALORISATION : **2,86** mois du C.A TTC :	**0**
1	- Valeur nette comptable de toutes les immobilisations corporelles et incorporelles,	0
2	- Coûts de remise aux normes (dont remise en état de fonctionnement des immobilisations nécessaires à l'exploitation)	0
3	- Coûts de remise en état de l'immobilier (si propriétaire ou si locataire au titre de l'article 606)	0
4	- Valeur nette comptable théorique des biens financés en crédit-bail immobilier	0
5	- Capitalisation sur 10 ans des loyers annuels HT résultant des baux en vigueur	0
6	- Capitalisation de la taxe foncière et des charges locatives sur 10 ans (base : dernier bilan connu).	0
7	- Valeur nette comptable théorique des biens financés en crédit-bail mobilier	0
8	- Capitalisation des locations de matériel sur 5 ans (base : dernier bilan connu)	0
9	+ Capitalisation sur 10 ans des loyers annuels HT de sous-location résultant de baux en vigueur,	0
	SUR VALEUR D'ACTIF =	**0**
10	+ Capitaux propres de la SARL [redacted]	0
11	- Valeur nette comptable des frais d'établissement,	0
12	- Valeur nette comptable des charges à répartir	0
13	- Budgets et abandons de créances consentis par le groupe CARREFOUR non réputés acquis (nets d'impôts)	0
	VALEUR de 100 % des part de la SARL [redacted]	**0**

Annexe 3

COMPTE D'EXPLOITATION PREVISIONNEL DE L'EXPLOITANT (LG)

Chiffres en k.euros

Du 03/21 au 10/21 : A0 sur 8 mois

	ANNEE 0 (1)		ANNEE 1		ANNEE 2		ANNEE 3	
	Valeur	%	Valeur	%	Valeur	%	Valeur	%
CA TTC	1 458,0		2 217,0	152,1	2 261,4	102,0	2 306,6	102,0
CA HT	**1 331,5**	**100**	**2 024,7**	**100**	**2 065,2**	**100**	**2 106,5**	**100**
M.B. MAGASIN	257,2	19,32	392,9	19,41	407,0	19,71	415,1	19,71
DEMARQUE / SURMARQUE / UBER EATS	-1,7	(0,13)	2,5	0,12	2,6	0,12	2,6	0,12
RISTOURNE ACHATS ET FIDELITE	13,4	1,01	11,4	0,56	11,6	0,56	11,8	0,56
RISTOURNE POSITIONNEMENT TARIFAIRE	7,1	0,54	10,4	0,51	10,6	0,51	10,8	0,51
RISTOURNE E-COMMERCE			0,4	0,02	0,4	0,02	0,4	0,02
AUTRES RISTOURNES (Plan de transformation)	0,9	0,07	7,9	0,39	8,1	0,39	8,3	0,39
AUTRES PRODUITS/CHARGES (relais colis/TGTG	0,6	0,04	-0,7	(0,04)	-0,8	(0,04)	-0,9	(0,04)
BENEFICE BRUT	**277,6**	**20,84%**	**424,8**	**20,98%**	**439,5**	**21,28%**	**448,2**	**21,28%**
FRAIS PERSO HORS DIRIGEANTS	200,4	15,05	197,4	9,75	200,4	9,70	203,6	9,66
FRAIS PERSO DIRIGEANTS	11,6	0,87	44,7	2,21	45,4	2,20	46,1	2,19
FRAIS DE LICENCIEMENT								
CONT ECONOMIQUE TERRIT			4,2	0,21	4,4	0,21	4,4	0,21
AUTRES IMPOTS ET TAXES	2,8	0,21	4,5	0,22	4,8	0,23	4,9	0,23
ENTRETIEN	9,9	0,74	17,6	0,87	17,9	0,87	18,2	0,86
ENERGIE	15,2	1,14	26,7	1,32	27,2	1,32	27,7	1,31
FOURNITURES EXTERIEURES	28,1	2,11	39,9	1,97	40,6	1,97	42,7	2,03
COTISATIONS	23,5	1,76	35,9	1,77	36,6	1,77	37,4	1,77
ASSURANCES	3,4	0,25	5,1	0,25	5,1	0,25	5,2	0,25
DEPLACEMENTS MISSIONS REC	4,8	0,36	0,6	0,03	0,6	0,03	0,6	0,03
PUBLICITE	3,7	0,28	8,7	0,43	8,8	0,43	9,0	0,43
CARTE DE FIDELITE	2,7	0,20	9,7	0,48	9,9	0,48	10,1	0,48
FOURNITURES DIVERSES	5,2	0,39	7,6	0,37	7,5	0,36	7,8	0,37
FRAIS DE GESTION	6,1	0,46	13,1	0,65	13,1	0,63	13,4	0,63
TOTAL FRAIS D'ACTIVITE	**317,4**	**23,83%**	**415,6**	**20,53%**	**422,3**	**20.45%**	**431,1**	**20,46%**
RES D'ACTIVITE MAGASIN	-39,8	-2,99	9,2	0,46	17,2	0,83	17,1	0,81
RES D'ACTIVITE STATION								
RESULTAT D'ACTIVITE	**-39,8**	**-2,99%**	**9,2**	**0,46%**	**17,2**	**0,83%**	**17,1**	**0,81%**
LOYER IMMOBILIER VERSE								
LOYER IMMOBILIER RECU (-)								
CREDIT BAIL IMMOBILIER								
TAXE FONCIERE								
CHARGES IMMOBILIERES								
LOYER FONDS DE COMMERCE	15,0	1,13	22,2	1,09	22,6	1,09	23,1	1,09
AVOIR DE LG								
CREDIT BAIL MOBILIER								
INTER / EMPRUNTS EN COURS								
INTER / EMPRUNTS NOUVEAUX								
INTER / COMPTE COURANT ASS								
INTERETS BANCAIRES	0,1	0,01						
INTERETS / AUTRES DETTES (TVA)								
AMORT IMMOBILISATIONS			1,7	0,08				
AMORT CHARGES A REPARTIR			1,5	0,07				
COUT OUTIL	**15,1**	**1,14**	**25,4**	**1,3%**	**22,6**	**1,1%**	**23,1**	**1,1%**
TOTAL DES CHARGES	**332,5**	**24,97**	**441,0**	**21,8%**	**444,9**	**21,5%**	**454,1**	**21,6%**
RESULTAT COURANT	**-54,9**	**(4,13)**	**-16,1**	**-0,8%**	**-5,4**	**-0,3%**	**-6,0**	**-0,3%**
CH / PROD EXCEPTIONNELS(+,-)	75,2		51,0	2,52	37,0	1,79	30,0	1,42
PROD. ACC. OUVERTURE								
RESULTAT IMPOSABLE			34,9	1,7%	31,6	1,5%	24,0	1,1%
IMPOT SOCIETE (4)			5,2	0,3%	4,7	0,2%	3,6	0,2%
RESULTAT NET	**20,2**	**1,52**	**29,6**	**1,5%**	**26,8**	**1,3%**	**20,4**	**1,0%**
CAPACITE D'AUTOFINANCEMENT	20,2	1,52	32,8	1,6%	26,8	1,3%	20,4	1,0%

Projection début d'année 1 : Déficits reportables [ ] **Déduits résultat imposable an1 si société soumise IS**

(1) Année 0 = dernier exercice connu ou 12 derniers mois

(2) Renvoi Ouest, Ristourne groupe, Express TA

(3) Hors produits accessoires d'ouverture.

(4) = Taux de l'impôt société: 25,00% — IS Réduit ? oui

(5) = Nombre de parts pour mém

Annexe 4

IN EXTENSO OPERATIONNEL
Société par actions simplifiée au capital de 2 615 937 €
Siege social : 106 Cours Charlemagne – LYON (69002)
792 354 268 RCS LYON

SARL SANDISA
CARREFOUR CITY
M. COUVREUX
297 Boulevard Carnot
72000 LE MANS

Courrier recommandé avec AR

Monsieur,

Nous accusons réception de votre courrier recommandé du 24 octobre 2019 par lequel vous nous faites part de 5 problèmes que vous soulevez.

Tout d'abord, nous souhaitons vous rappeler que dans le cadre de votre relation de franchise avec CARREFOUR PROXIMITE, vous avez fait appel à un cabinet référencé afin de confier à un spécialiste reconnu par votre franchiseur le suivi comptable, social et des outils de gestion de votre société.

Cela vous a permis de répondre à vos obligations stipulées dans votre contrat de franchise. Nous sommes effectivement un des acteurs spécialistes du suivi comptable et social de votre enseigne, qui vous permet d'avoir à disposition des tableaux de bord mensuels aux normes de votre enseigne. Cette spécialisation a permis la mise en place de procédures particulièrement adaptées à vos besoins de franchisés, pour allier qualité des prestations administratives et de gestion à des coûts les plus concurrentiels.

Pour autant, et conformément aux règles de notre profession, notre mission s'exerce en totale indépendance.

Nous tenons à vous répondre point par point :

Votre « premier problème » :
Nous avons co-signé le 5 janvier 2015 une lettre de mission qui fixe les modalités de nos accords et définit les prestations comptables, fiscales, juridiques, et sociales que vous nous avez confiées.

Les informations transmises à votre franchiseur sont expressément convenues par les termes de la lettre de mission que vous avez signée et nous vous renvoyons à sa lecture.

Votre « deuxième problème » :
Nous avons avec votre franchiseur une relation d'affaires depuis 1992. Nous avons développé tout au long de ces années de pratiques les procédures les plus adaptées à vos besoins pour concilier qualité de la prestation convenue et coût de nos prestations, en déployant des interfaces compatibles avec les outils informatiques que vous utilisez.

Ainsi, le prix de nos prestations fait effectivement l'objet d'un barème négocié par le franchiseur, aux seules fins de faire bénéficier aux franchisés de tarifs préférentiels par rapport à ceux du marché.

.../...

Votre « troisième problème » :
Vous écrivez « CPF n'est pas une entreprise de bienfaisance ou philanthropique ». Nous ne comprenons pas cette remarque. Notre activité doit assurer notre équilibre financier par les seules prestations que nous facturons à nos clients. Aucune rémunération de quelque ordre que ce soit n'existe entre nous et votre franchiseur, ou une quelconque entité CARREFOUR.

Pour ce qui nous concerne, notre lettre de mission 2015 définit clairement nos honoraires sur la base du barème au 1er juillet 2009, soit :

- en fonction d'un chiffre d'affaires TTC hors station compris entre 1669 K€ et 1829 K€ les honoraires annuels s'élèvent à 5 768 € ;
- pour une tranche de chiffre d'affaires entre 1829 K€ et 2287 K€, les honoraires annuels s'élèvent à 6 920 €.

Vous réalisez en 2018 un chiffre d'affaires TTC de 1919 K€ et nous vous facturons sur ces mêmes bases la tenue complète de votre comptabilité, l'intégralité de votre fiscalité professionnelle, et le suivi analytique avec une gestion mensuelle des plus détaillées, l'établissement du bilan.

La mission paie (création, entrée/sortie, SDTC, déclarations sociales, passages DSN, PAS) a été facturée sur la base de 15€ (barème 2010) le BS édité jusqu'au 30 juin 2019.

Nos prestations sont effectivement facturées à des montants d'honoraires dont nous pouvons dire, sans difficulté, qu'ils se situent en-deçà des prix du marché.

Votre « quatrième problème » :
Le choix du cabinet comptable référencé reste un choix qui vous incombe. Bon nombre de franchisés nous font confiance depuis plusieurs années, et ce bien au-delà de leur franchise CARREFOUR PROXIMITE.

Votre « cinquième problème » :
DELOITTE, est effectivement l'un des commissaires aux comptes du groupe CARREFOUR.

Le 10 avril 2019, DELOITTE est sorti du capital du Cabinet IN EXTENSO.

Notre agence de CHOLET, le cabinet ECUYERE EXPERTISE COMPTABLE a rejoint le groupe IN EXTENSO en décembre 2012, et travaillait déjà depuis 20 ans avec les franchisés CARREFOUR, et non avec la société CARREFOUR. Nous avons bien évidemment veillé à ce qu'il n'y ait aucun conflit d'intérêts et d'incompatibilité dans l'exercice de nos métiers. Vous pouvez être assurés des déclarations d'indépendance et de conformité qui ont été surveillées avec la plus grande rigueur par les auditeurs du groupe CARREFOUR et les nôtres.

La longévité de nos relations est le fruit de notre spécialisation et de notre savoir-faire des comptes de gestion aux normes des enseignes CARREFOUR. Les seuls droits qui sont facturés par CARREFOUR PROXIMITE France concernent la concession du logiciel «Gestion des franchisés » dont le montant s'élève pour l'année 2019 à 4 989,66€.

Espérant avoir répondu à vos attentes et ainsi levé vos incertitudes,

Recevez, Monsieur, l'assurance de nos sentiments dévoués.

Annexe 5

ARTICLE 1 - DESIGNATION

Un local commercial sis au rez-de-chaussée du bâtiment Z comprenant :

Un magasin portant le numéro UN du plan du rez-de-chaussée annexé au cahier des charges reçu par [redacted], notaire [redacted] et comportant les caractéristiques suivantes :

- Façade : [redacted]
- Superficie : [redacted]

Une réserve au sous-sol sous partie du magasin portant le n°1 du plan du sous-sol annexé au cahier des charges sus énoncé, d'une superficie de 80,88 m2 avec accès direct par la façade sud de l'immeuble.

ARTICLE 2 - SITUATION LOCATIVE

Les locaux dans lesquels est exploité le fonds de commerce présentement donné en location gérance ont été donné à bail commercial à titre de renouvellement par la société [redacted] à la société [redacted] aux termes d'un acte sous seing privé en date du 4 juillet 2011 pour une durée de neuf (9) années entières et consécutives à compter rétroactivement du [redacted] pour se terminer le [redacted]

ARTICLE 3 - DUREE

Le présent bail gérance est consenti pour une durée initiale d'UNE ANNEE (1 AN) ENTIERE à compter du **9 janvier 2012**, après inventaire, pour se terminer le **8 janvier 2013**.

A l'expiration de la période initiale, le présent contrat se reconduira tacitement pour une durée indéterminée

Chacune des parties pourra mettre fin au présent contrat par l'envoi d'un courrier recommandé avec avis de réception adressé à l'autre partie lui notifiant sa décision, 3 (Trois) mois avant la date d'expiration de la période initiale ou à tout moment au cours de la période de reconduction en respectant un délai de préavis également de 3 (trois) mois.

ARTICLE 4 – CHARGES ET CONDITIONS

Le présent bail est consenti et accepté sous les charges et conditions ordinaires et de droit en pareille matière et sous celles suivantes que chacune des parties, en ce qui la concerne, s'oblige à exécuter et accomplir, à savoir :

4.1 - Entretien

Le "PRENEUR" prend l'ensemble des éléments loués dans l'état où le tout se trouve au jour de l'entrée en jouissance, sans pouvoir élever aucune réclamation, ni prétendre à aucune indemnité pour quelque cause ou motif que ce soit, le "PRENEUR" déclarant qu'il a une parfaite connaissance de la consistance et de l'état des biens loués.

Annexe 6

CONTRAT D'APPROVISIONNEMENT
PROXIMITE - RESEAU Carrefour city

ENTRE LES SOUSSIGNES

- **La société CSF**, Société par Actions Simplifiée au capital de 100.347.710 euros, dont le siège social est à Mondeville (14120), Zone Industrielle Route de Paris, immatriculée au Registre du Commerce et des Sociétés de Caen sur le numéro 440 283 752,

Ou toute société filiale du groupe auquel elle appartient qui lui serait substituée,

Représentée par **M. MEST Loïc**, ayant tous pouvoirs à l'effet des présentes,

Ci-après dénommée « **Le Fournisseur** »,
D'UNE PART,

ET,

- **La société** ███ Société SARL au capital de ███ euros, dont le siège social est à rue ███ ███, immatriculée au Registre du Commerce et des Sociétés de ███ sous le numéro ███,

exploitant le fonds de commerce sis à ███

Représentée par ███, ayant tous pouvoirs à l'effet des présentes,

Ci-après dénommée « **Le Client** »,
D'AUTRE PART,

Il a été préalablement exposé ce qui suit :

EXPOSE

Dans le cadre de son activité de grossiste en produits à dominante alimentaire, le Fournisseur a mis en place des moyens logistiques et commerciaux afin d'offrir aux clients des conditions tarifaires compétitives et un service performant. C'est pourquoi il souhaite que les relations commerciales qu'il engage avec ses clients s'inscrivent dans une perspective de confiance et de pérennité. Le Client, de son côté, a décidé de se rapprocher du Fournisseur pour bénéficier des avantages qualitatifs et quantitatifs qui lui étaient proposées dans l'optique de relations commerciales durables.

Ceci exposé, il a été convenu ce qui suit :

Compléter et parapher ou signer

En vue de cette création, la société CARREFOUR PROXIMITE FRANCE,Société par actions simplifiée au capital de 38.703.344 €, dont le siège est à MONDEVILLE (14120), ZI Route de Paris, immatriculée au RCS de CAEN sous le numéro 345 130 488, a négocié la cession des droit au bail des locaux sis à [redacted]
Charlemagne et substitué la Société dans le bénéfice de la promesse synallagmatique de cession de droit au bail qu'elle a conclu avec la société [redacted]

Suite à l'Assemblée Générale Extraordinaire du [redacted], les présents statuts ont été refondus en totalité et adoptés.

TITRE I - FORME - OBJET - DENOMINATION SOCIALE - SIEGE SOCIAL - DUREE

ARTICLE 1 - FORME

Il est formé entre les propriétaires des parts sociales ci- après créées et de celles qui pourraient l'être ultérieurement, une Société à Responsabilité Limitée qui sera régie par les dispositions du Code de Commerce et les dispositions réglementaires en vigueur ainsi que par les présents statuts.

ARTICLE 2 - OBJET

La Société a pour objet :

L'exploitation d'un fonds de commerce de type Supermarché sis à [redacted], à l'enseigne **CARREFOUR CITY** ou toute autre enseigne appartenant au Groupe CARREFOUR, à l'exclusion de toute autre.

La création et l'exploitation à titre secondaire d'un fonds de commerce de type Supermarché sis à [redacted], à l'enseigne **CARREFOUR CITY** ou toute autre enseigne appartenant au Groupe CARREFOUR, à l'exclusion de toute autre.

Et, plus généralement, toutes opérations, de quelque nature qu'elles soient, juridiques, économiques et financières, civiles et commerciales, se rattachant à l'objet sus-indiqué.

ARTICLE 3 - DENOMINATION SOCIALE

La Société a pour dénomination sociale : [redacted]

Les actes et documents émanant de la Société et destinés aux tiers, notamment les lettres, factures, annonces et publications diverses, indiqueront la dénomination sociale, précédée ou suivie immédiatement et lisiblement des mots "Société à Responsabilité Limitée" ou des initiales "**S.A.R.L**" et de l'énonciation du capital social.

ARTICLE 4 - SIEGE SOCIAL

Le siège social est fixé à : ██████████████████████████

Il pourra être transféré en tout autre lieu du département ou dans un département limitrophe par simple décision de la gérance sous réserve de ratification de cette décision par les associés représentant les ¾ des parts sociales, et en tout autre endroit par décision collective extraordinaire des associés.

ARTICLE 5 - DUREE

La durée de la Société est fixée à **30 années** à compter de la date d'immatriculation de la Société au Registre du Commerce et des Sociétés, sauf les cas de dissolution anticipée et de prorogation prévus aux présents statuts.

TITRE II - APPORTS - CAPITAL SOCIAL

ARTICLE 6 - APPORTS

A la création de la société, les soussignés ont apporté à la Société, la somme de **7 500 Euros** à savoir :

- **PROFIDIS**, la somme de : DIX EUROS — **10 €**

- **Monsieur** ██████████ la somme de : TROIS MILLE HUIT CENT VINGT EUROS — **3.820 €**

- **Madame** ██████████████, la somme de : TROIS MILLE SIX CENT SOIXANTE DIX EUROS — **3.670 €**

Soit au total la somme de : **7.500 €**

Suite à l'augmentation de capital décidée par l'assemblée générale extraordinaire du ██████, réservée aux associés SELIMA (RCS n° 411 495 369) et PROFIDIS (RCS n°323 514 406), ces dernières ont apporté à la société la somme de ████ à savoir :

- Société SELIMA :

. La somme de 2 630 € au titre du nominal de 263 parts,

Annexe 7

CAUTION SOLIDAIRE

Monsieur , né le à ,
demeurant à

Ci-après dénommé « **La Caution** »

Déclare, par la présente, se porter, à l'égard de

la Société C.S.F, Société par Actions Simplifiée au capital de 1 le ondeville (de Paris, immatriculée au Registre du Commerce et des Sociétés de Caen sur le numéro 440 283 752, et/ou toute société filiale du groupe auquel qui lui serait su ou partie, ci-après dénommées « **Le Bénéficiaire** »,

caution solidaire et indivisible pour le remboursement de toutes les sommes qui peuvent ou pourront lui être dues par

***la Société** , Société à Responsabilité Limitée, au capital de euros dont le siège social est à , immatriculée au RCS de , sous le numéro

exploitant un fonds de commerce sous l'enseigne Carrefour City, sis à , ci-après dénommé « **le Débiteur Cautionné** »,

jusqu'à concurrence d'une somme de 187 000 euros *(cent-quatre-vingt-sept mille euros)*, couvrant le paiement du principal, des intérêts et, le cas échéant, des pénalités ou intérêts de retard.

Cette somme correspond à l'encours moyen en marchandises livrées par le Bénéficiaire au Débiteur Cautionné, dans le cadre des relations commerciales d'approvisionnement qui les lient, ainsi qu'à toute somme due par le Débiteur Cautionné au Bénéficiaire.

Le présent engagement deviendra exécutoire de plein droit et sans mise en demeure, dès que la ou les créances du Bénéficiaire sera (ont) elle(s)-même(s) exigible(s).

Compléter, rayer les mentions inutiles (*) et parapher

De même, toute déchéance du terme rendant exigible des créances non échues pouvant intervenir dans le cadre d'une procédure collective (notamment par un jugement arrêtant un plan de cession totale ou prononçant la liquidation judiciaire), entraînera également l'exigibilité desdites créances à l'égard de la Caution.

Le présent engagement est conclu de façon irrévocable pour la durée des relations commerciales susvisées majoré d'un délai de 90 jours à l'issue duquel seule l'obligation de couverture cessera.

A l'expiration du délai de 90 jours, la caution ne sera déchargée que par le paiement effectif des sommes que le Débiteur Cautionné pourra devoir, même ultérieurement, au Bénéficiaire, pour toutes les obligations dont l'origine sera antérieure au délai de 90 jours.

La Caution renonce expressément au bénéfice de discussion et au bénéfice de division, tant avec le Débiteur Cautionné qu'avec tous coobligés. Elle s'interdit d'invoquer toutes subrogations et de prendre toutes mesures qui auraient pour résultat de la faire venir en concours avec le Bénéficiaire, tant que celui-ci ne sera pas remboursé de la totalité de ses créances sur le Débiteur Cautionné.

Toutes les dispositions du présent engagement conserveront leur plein effet quelle que soit l'évolution de la situation financière ou de la forme juridique du Débiteur Cautionné ou du Bénéficiaire.

Ainsi, le présent engagement conservera, de plein droit et sans formalité, son plein et entier effet dans toutes ses dispositions, en cas de transfert des créances objets du présent engagement à tout nouveau Bénéficiaire, résultant de toute opération et notamment d'une fusion, scission ou d'un apport partiel d'actif. En conséquence, il est expressément convenu entre les parties que la Caution demeurera, dans ces hypothèses, tenue à l'égard du nouveau Bénéficiaire du remboursement de toutes les sommes définies ci-dessus, dues par le Débiteur Cautionné, qu'elles soient nées antérieurement comme postérieurement à ladite opération.

Tout paiement fait au titre de cette caution s'imputera sur son montant.

La Caution entend suivre personnellement la situation du Débiteur Cautionné et dispense le Bénéficiaire de tout avis de prorogation ou de non paiement.

Tous les frais et droits auxquels donneront lieu le présent engagement et son exécution seront supportés par la Caution qui s'y oblige.

Le présent acte n'emporte pas novation aux droits et actions du Bénéficiaire.

Pour l'exécution des présentes, compétence est donnée au Tribunal de Commerce de PARIS.

Fait à [redacted]
Le [redacted]

Compléter et parapher

Faire précéder la signature de la formule manuscrite suivante *: « En me portant caution de la société D.J.C. DISTRIBUTION dans la limite de la somme de 187 000 Euros (cent-quatre-vingt-sept mille euros) couvrant le paiement du principal, des intérêts et le cas échéant des pénalités ou intérêts de retard et pour la durée ci-dessous mentionnée, je m'engage à rembourser au bénéficiaire, ou à toute autre société qui lui serait substituée, les sommes dues sur mes revenus et mes biens si la société D.J.C. DISTRIBUTION n'y satisfait pas elle- même. En renonçant au bénéfice de discussion défini à l'article 2298 du Code Civil et en m'obligeant solidairement avec la société D.J.C. DISTRIBUTION, je m'engage à rembourser le bénéficiaire, ou toute autre société qui lui serait substituée, sans pouvoir exiger qu'il poursuive préalablement la société D.J.C. DISTRIBUTION. Mon engagement est valable à compter de ce jour et pour la durée des relations commerciales d'approvisionnement liant le Débiteur cautionné et le Bénéficiaire. Cette relation d'approvisionnement est formalisée par la signature d'un ou de plusieurs contrats d'approvisionnement successifs d'une durée initiale de sept ans, le cas échéant renouvelés une ou plusieurs fois pour une même durée de sept ans à défaut de cessation des relations commerciales d'approvisionnement visées ci-dessus.»*

11.3. Le présent accord est, de convention expresse entre les parties, d'une part, la convention principale existant entre les parties aux présentes, excepté si le franchisé est également le locataire-gérant du franchiseur et d'autre part totalement indépendant des conventions existant le cas échéant entre le franchisé et toute société du groupe auquel appartient le franchiseur, quand bien même elles se rapporteraient à l'activité du fonds de commerce objet des présentes.

ARTICLE 12 – CONTESTATION ET INTERPRETATION DU PRESENT CONTRAT

Avant toute action contentieuse, les parties chercheront, de bonne foi, à régler à l'amiable leurs différends relatifs notamment à la validité, l'interprétation, l'exécution ou l'inexécution, l'interruption, la résiliation ou la dénonciation du présent contrat ainsi qu'à la cessation partielle ou totale des relations commerciales entre les parties et ce, pour quelques causes et sur quelques fondements que ce soient. Les parties devront se réunir afin de confronter leurs points de vue et effectuer toutes constatations utiles pour leur permettre de trouver une solution au conflit qui les oppose.

Les parties s'efforceront de trouver un accord amiable dans un délai de 30 jours à compter de la notification par l'une d'elles de la nécessité d'un accord amiable, par lettre recommandée avec avis de réception.

A défaut d'accord amiable, les parties conviennent de soumettre leur différend sous l'égide du Centre de Médiation et d'Arbitrage de la Chambre de Commerce et d'Industrie de Paris. Les parties organiseront la médiation selon le règlement de médiation en vigueur. Les parties s'engagent à partager à parts égales les frais de ladite médiation, tout en conservant à leur charge les frais et honoraires de leurs avocats respectifs.

Les parties entendent conférer à cette procédure, prévue aux alinéas ci-dessus, une pleine force contractuelle. De commune volonté des parties, l'action en justice engagée par l'une d'elles en inobservation de cette procédure sera irrecevable.

Il est convenu que, nonobstant les stipulations des paragraphes ci-dessus, les parties conservent en toutes circonstances la faculté d'agir par devant la juridiction des référés sur le fondement notamment des articles 145-872 et 873 du Code de Procédure Civile.

En cas d'échec de la médiation, le différend sera soumis à trois arbitres.

La partie désirant recourir à l'arbitrage adressera à l'autre partie une notification, par lettre recommandée avec accusé de réception, de son intention de recourir à l'arbitrage en lui indiquant le nom de son arbitre. L'autre partie devra, dans les mêmes formes et dans le délai maximum de quinze jours à compter de la notification, indiquer à l'autre partie le nom de l'arbitre qu'elle aura désigné. A défaut de cette désignation, son arbitre pourra être désigné par simple Ordonnance de Monsieur le Président du Tribunal de Commerce de Paris statuant comme en matière de référé à la demande de la partie la plus diligente.

Les arbitres désignés par les parties ou, le cas échéant, par Monsieur le Président du Tribunal de Commerce, auront à se mettre d'accord sur le choix du troisième arbitre.

S'ils n'y parvenaient pas, ce troisième arbitre serait désigné par Ordonnance de Monsieur le Président du Tribunal de Commerce de Paris statuant comme en matière de référé.

Ces arbitres, dont la durée de la mission est limitée à 6 mois, ne seront soumis à aucune règle ni aucun délai prévus au Code de Procédure Civile et ce conformément à l'article 1464 du Code de Procédure Civile. Ils agiront comme amiables compositeurs et statueront en dernier ressort, leur décision n'étant susceptible d'aucun recours, à l'exception du recours en annulation.

Dans l'hypothèse où la sentence arbitrale serait annulée, le différend sera soumis à nouveau à trois arbitres qui seront désignés et agiront dans les conditions ci-dessus fixées.

L'arbitrage aura lieu à LYON. L'éventuel recours ouvert par l'article 1492 du CPC sera porté devant la Cour d'appel de LYON.

Fait à
le
(en 3 exemplaires).
Compléter, apposer « lu et approuvé » « Bon pour mandat » et signer

LE FRANCHISEUR **LE FRANCHISE**

LES ASSOCIES DE LA SOCIETE FRANCHISEE

Table

Remerciements

Je tiens à remercier ma famille , mes amis (notamment Odile, les deux Karine, Yann, Marie, Franck, Clément, Xavier, Stéphane, Érick, Rémi, Sophie et tous ceux que je n'oublie pas), mes médecins, mes avocats, tous les franchisés qui m'ont accordé et m'accordent leur confiance, les professeurs d'université qui m'ont invité à échanger avec leurs étudiants et enfin je remercie les éditions du Rocher pour m'avoir accompagné dans ce projet.

Achevé d'imprimer par
ROTATIVAS DE ESTELLA
en août 2023
Dépôt légal : septembre 2023
Imprimé en Espagne

Mise en pages réalisée par
Jacques Motllo – 66470 – Sainte-Marie-la-Mer
132/2023